GÜTERSDIE
LOHERVISION
VERLAGSEINER
HAUSNEUENWELT

Olivier Ndjimbi-Tshiende
Mit Christoph Fasel

Und wenn Gott schwarz wäre ...

Mein Glaube ist bunt!

GÜTERSDIE
LOHERVISION
VERLAGSEINER
HAUSNEUENWELT

INHALT

»Alle Menschen sind frei und gleich an Würde und Rechten geboren. Sie sind mit Vernunft und Gewissen begabt und sollen einander im Geiste der Brüderlichkeit begegnen. Jeder hat Anspruch auf alle in dieser Erklärung verkündeten Rechte und Freiheiten, ohne irgendeinen Unterschied, etwa nach Rasse, Hautfarbe, Geschlecht, Sprache, Religion, politischer oder sonstiger Anschauung, nationaler oder sozialer Herkunft, Vermögen, Geburt oder sonstigem Stand.«

Der Wortlaut der ersten beiden Artikel der Menschenrechtserklärung der Vereinten Nationen. Sie gelten auch in der Bundesrepublik Deutschland. Doch wie oft klaffen auch hier Theorie und Praxis auseinander.

Die Erlebnisse von Pfarrer Olivier Ndjimbi-Tshiende in Zorneding sind nur ein Beispiel für diese Lücke. Seine Geschichte vereint alle Ingredienzien eines Gesellschaftsdramas, das Kreise zieht: Politische Engstirnigkeit, Ablehnung von Flüchtlingen, dumpfe Fremdenfurcht; dann Zivilcourage, die ein Mensch dagegen aufbringt, obwohl er ein Schwarzer und Fremder ist. Und schließlich Morddrohungen und Furcht vor Gewaltanwendung. Sie sind der Grund für Oliviers Weggang aus seiner Gemeinde.

Es ist ein Vorgang, einzigartig in der Geschichte einer deutschen Gemeinde. Und der Beweis für eine Gesellschaft, die ihre Angst vor dem Fremden immer noch nicht verarbeitet hat.

Doch ohne diese Vorgänge würde es dieses Buch nicht geben. Es verdankt sein Entstehen der Auseinandersetzung des Autors mit der Frage:»Wie anders müsste Kirche sein, um in einer solchen Gesellschaft mit dem Beispiel von Barmherzigkeit, Verzeihen und Liebe voranzugehen?«

Der Leser sei gewarnt: Das vorliegende Buch enthält Beobachtungen und Schlussfolgerungen, die vielen in der Amtskirche nicht gefallen werden. Denn es zeigt, wie sehr Macht und falsche Lehren die Botschaft Jesu bis zur Unkenntlichkeit entstellt haben. Deshalb ist es zutiefst Zeit für dieses Werk: Denn es legt den Finger in jene Wunden, die die Kirche sich selbst und ihren Gläubigen immer wieder geschlagen hat.

Und weiter schlagen wird. Bis sie sich endlich verändert.

KAPITEL 1

WIE ALLES BEGANN

Das Pfarrhaus von Zorneding ist ein trutziger Bau aus dem 17. Jahrhundert: ockerfarben gestrichen, mit Wänden meterdick, die jedem Sturm standhalten. Behütet unter einem Walmdach, schützt es seine Fenster mit weiß-roten Fensterläden aus Holz. Das Pfarrhaus der katholischen Gemeinde St. Martin im Zornedinger Ingelsberger Weg ist beides – gemütlich und bergend zugleich. Hier kann man sich wohlfühlen.

Links vor den Treppen zur Eingangstür hängt der Briefkasten. Es ist Montag, der 30. November 2015, als der Pfarrer der Gemeinde seine Post aus dem Briefkasten holt. Christliche Zeitschriften sind dabei, Zeitungen, Rechnungen, Werbebriefe, Grüße von Freunden und Mitbrüdern aus Deutschland. Pfarrer Olivier Ndjimbi-Tshiende, 66 Jahre alt zu diesem Zeitpunkt, geboren im Kongo, Diplom-Theologe, Magister A. Pädagogik, habilitierter Philosoph und Professor, lebt gern in seiner Gemeinde. Vor allem deshalb, weil er »auch ein Schwarzer ist«, wie er dann und wann in Anspielung auf die Mehrheitsverhältnisse im Stadtrat witzelt. Der ist, wie häufig in Oberbayern, von der CSU dominiert.

· · · · · ·

Man kennt sich. Und man schätzt sich. Pfarrer Olivier aus dem fernen Afrika ist bei den Gläubigen seiner Gemeinde wohlgelitten. In der ersten Zeit seiner Berufung in die Gemeinde östlich von München wird zwar unter der Hand an manchem Stammtisch diskutiert: »Kann denn ein Schwarzer aus dem Kongo überhaupt bei uns Seelsorger sein?« – »Wie findet der sich denn in unserer Kultur zurecht?« Und natürlich ebenso häufig kommt die Frage: »Kann der überhaupt g'scheid Deutsch? Ja, red' der denn auch bayerisch?«

Die Fragen sind berechtigt. Aber Pfarrer Olivier beantwortet sie ganz einfach: indem er in perfektem Deutsch geschliffene Predigten hält, vor keinem bayerischen Dialektausdruck zurückscheut, den er neu kennenlernt – und mit jeder Taufgemeinde selbstverständlich nach der Messe Weißwürscht und Schweinshax'n verspeist und eine g'scheide Halbe zischt. Und weil er seit Jahren einen deutschen Pass besitzt. So einer kommt an in Zorneding. Auch wenn seine Hautfarbe für manche Zeitgenossen nicht ganz nach Oberbayern passt.

Hier scheint Pegida fern. Es ist eine reiche Gemeinde, die vom Boom im Münchner Speckgürtel profitiert. Junge Familien, die sich keine Wohnung mehr in München leisten können, bauen sich hier ein Häuschen. Ingenieure, Naturwissenschaftler, Techniker und Manager der Konzerne, die in München boomen, leben hier – weitgehend in Eintracht mit der bayerischen Urbevölkerung. Hier ist die Welt in Ordnung.

• • • • •

Bis zu diesem Tag, an dem Pfarrer Olivier neben Zeitschriften, Rechnungen und Briefen eine Postkarte aus dem Stapel fischt. Frankiert ist sie mit einer Janosch-Briefmarke, abgestempelt mit einem Hinweis auf das Briefzentrum München, ordnungsgemäß an die Adresse der Katholischen Pfarrei Zorneding gerichtet. Doch dann hört die Ordnung auf.

Denn als Absender fungieren angebliche »Empörte Bürger Bayerns über so ein Schwein«. Und dop-

pelt unterstrichen folgt in Großbuchstaben das Wort
»NEGGER«.

. . . . .

Pfarrer Olivier zuckt im ersten Augenblick mit der
Schulter, während er diese Zeilen überfliegt. Nun gut,
Rassismus, stiller und lauter, ist ihm in seinen Jahrzehnten, in denen er in Europa unterwegs ist, immer
wieder im Alltag begegnet. In einem bekannten Münchner Café wird er in den späten achtziger Jahren ganz offensichtlich wegen seiner Hautfarbe von der gesamten
Bedienung mit Fleiß ignoriert. Als er nach einer Stunde
immer noch keine Bestellung aufgeben kann, erhebt er
sich, geht höflich zum Tresen und sagt: »Ich bedanke
mich dafür, dass Sie mich nicht bedient haben!« – und
geht. In seiner Pfarrstelle in Buch am Erlbach weigert
sich ein Mitarbeiter, seinen Wünschen zu folgen, mit
dem Argument: »Unter einem Neger arbeite ich nicht!«
Und im gleichen Ort will ein junges Ehepaar ihr Kind
nicht bei einem schwarzen Pfarrer taufen lassen.

Auch hier, im idyllischen Zorneding, hat sich in den
letzten Wochen die Stimmung gegenüber dem Pfarrer
aus dem Kongo bei einigen Zeitgenossen geändert. Der
Grund ist, dass Pfarrer Olivier vor kurzem sein Wort
erhoben hat: gegen Fremdenfeindlichkeit, gegen Klein-
geisterei, gegen Ausgrenzung und Dummheit. So etwas
schafft einem nicht unbedingt Freunde, auch nicht in
Zorneding. Zumal dann nicht, wenn Pfarrer Oliviers
Kritik einen Repräsentanten der bayerischen Mehr-
heitspartei trifft.

. . . . .

Seine öffentlich geäußerte Parteinahme gegen Fremdenfeindlichkeit hat dem Geistlichen in den letzten Wochen schon manche unwirsche Bemerkung eingebracht. Deshalb erwartet Pfarrer Olivier eigentlich nur etwas in der Art, als er den Poststapel mit ins Pfarrbüro nimmt und sortiert. Hier die Zeitschriften, da die Rechnungen, hier die persönliche Korrespondenz. Und da liegt die Postkarte wieder vor seinen Augen.

Was steht da noch unter dem aparten Wort »NEGGER«? Der nächste Satz, den Olivier liest, macht ihm klar, dass er es mit einer neuen Qualität von Bösartigkeit zu tun hat: »Wir schicken Dich nach Auschwitz. Amen! Du Nigger!«

Als wenn es dem Autor dieser Zeilen nicht genug wäre, wiederholt er die Drohung gleich noch einmal. Olivier dreht die Karte um. Auf der Rückseite findet er ein Bild von sich, offensichtlich aus einer Zeitung ausgeschnitten. Links davon, in mäßiger Orthografie, wiederholt der Schreiber seine Drohung: »Wir schicken Dich Du Arschloch nach Auschwitz. Hau ab zu Deinen schwarzen Teufeln. Du Nigger!« Und noch einmal, auf der rechten Seite der Karte, krakelt er, als sei ein einziger Satz nicht in der Lage, seinen überquellenden Hass und die speiende Menschenverachtung in Worte zu fassen: »Hau ab, Du stinkiger Nigger!«

• • • • •

Dabei hat alles so gut angefangen: Drei Jahre zuvor, im September 2012, empfängt die Gemeinde Zorneding ihren neuen Pfarrer Olivier Ndjimbi-Tshiende mit fröhlichem Respekt. Pfarrgemeinderat und Kirchenverwaltung und mit ihnen viele Gläubige der ganzen

Gemeinde treffen sich zu einem Stehempfang. Hundertfünfzig, zweihundert Menschen treffen an diesem Nachmittag zusammen. Es sind viele Menschen, die neugierig auf den neuen schwarzen Pfarrer sind. Und der nimmt sich vor, jeden Einzelnen von ihnen persönlich zu begrüßen – und zwar mit einem Handschlag. Als der Empfang endet, hat Pfarrer Olivier seinen Vorsatz in die Tat umgesetzt.

Seinen Vorgänger, der eine andere Aufgabe in Altötting übernimmt, kennt der Geistliche schon aus dem Priesterrat der Diözese. Die Arbeit in der Gemeinde beginnt unspektakulär: Taufen, Beichten, Gottesdienste, Begräbnisse, Seelsorge für Menschen in Bedrängnis und Not.

Olivier bringt seinen eigenen Schwung in das Team der Gemeinde, kümmert sich darum, dass auch die Pastoralmitarbeiter mit ihren Ansichten gehört werden. Seine ruhige Art, auch in theologischen Fragen zu argumentieren, lässt ihm die Sympathien der Gemeindemitglieder zuwachsen. In einem theologischen Disput um den Wettersegen sind sich Olivier und ein Ruhestandspfarrer nicht einig, der seit zehn Jahren in der Pfarrgemeinde aushilft – bis der Pfarrer aus dem Kongo anhand der Liturgietexte nachweisen kann, dass seine Interpretation stimmt.

Das Pastoralteam schätzt solche ruhige Standhaftigkeit. Mitglieder loben seine Argumentationsweise: »Olivier, du bist der erste, der gegenüber dem Pfarrer recht hat!«

• • • • •

Am 10. Oktober 2015 erscheint die Nummer 168 des »ZornedingReport«, herausgegeben vom CSU-Kreisverband Zorneding. Für das 24 Seiten starke Lokalblatt der Partei zeichnet als »verantwortlich im Sinne des Pressegesetzes« Dr. Sylvia Boher, Ortsvorsitzende der CSU. Für das Titelblatt dieser Ausgabe hat sie sich anlässlich des hundertsten Geburtstages von Franz Josef Strauß ein besonderes Motiv ausgesucht: Es zeigt den damaligen bayerischen Ministerpräsidenten bei einer Rede in Zorneding im Jahre 1972. Strauß verstarb 1988 – doch in dieser Ausgabe des »ZornedingReport« lässt ihn die Ortsvereinsvorsitzende wieder aufleben – und was ihm die Autorin Boher hier zuschreibt, klingt, als hätte der Leibhaftige das Wort ergriffen.

Was noch niemand weiß: Bohers Beitrag in diesem Heft ist der Auftakt zu einem Skandal, der international Kreise ziehen wird, Zornedings Ruf schweren Schaden zugefügt – und Pfarrer Olivier dazu zwingen wird, vor Morddrohungen und Hasstiraden aus seiner Pfarrei zu fliehen.

• • • • •

Dr. Sylvia Boher hält sich nicht mit Kleinigkeiten auf. Die promovierte Politologin holt auf Seite drei des von ihr verantworteten CSU-Parteiblatts zum Rundumschlag gegen Flüchtlinge aus. Allerdings bastelt sie sich zuvor einen Ausgang für Helden. Der besteht in der irritierenden Vorweg-Formulierung, dass sie in dem nun folgenden Beitrag »zum kritischen Hinterfragen anregen« wolle, »ohne Antworten zu geben oder meine eigene Meinung zu äußern«.

Um Himmels Willen, doch nicht meine Meinung! Nein! Die forsche Ortsvereinsvorsitzende greift zu einem ganz anderen Kniff. Sie schickt niemand Geringeren als Franz Josef Strauß selig vor in die Debatte. Listig versucht sie, ihm ihre Argumente unterzujubeln, indem sie formuliert:»Was wohl unser ehemaliger Ministerpräsident (...) zu den heutigen politischen Geschehnissen sagen würde? (...) Würde er seine Nachfolger loben oder würde er ein totales Politikversagen konstatieren? Würde er gar glauben, wir leben in einem Gottesstaat, in dem ein protestantischer Pastor aus der ehemaligen DDR Bundespräsident und eine FDJ-Funktionärin und Pastorentochter Bundeskanzlerin ist?«

Der rhetorische Versuch, sich aus der publizistischen Verantwortung für das nun Folgende zu stehlen, leitet starken Tobak ein. Denn nun finden sich Sätze wie:»Bayern wird in diesen Tagen überrannt. Das, was wir heute erleben, ist eine Invasion.« Oder:»Heute wird uns von den links dominierten Medien weiß gemacht, ein Militärdienstflüchtling aus Eritrea ist mit einem heimatvertriebenen Deutschen des 2. Weltkriegs gleichzusetzen.«

Im nächsten Absatz listet die CSU-Frau Boher die Leiden der deutschen Vertriebenen auf, die ihre Heimat verloren hätten, weil ihre Gebiete»von den Siegermächten erobert« worden seien. Von der Bevölkerung im Westen seien die Vertriebenen nicht nur mit Begeisterung empfangen worden.»Kostenlose Verpflegung, Unterkunft und Taschengeld: Fehlanzeige. Integrationsbeauftragte: Fehlanzeige. Psychologen für die traumatisierten Vertriebenen oder die Mütter mit den Kindern, die die amerikanischen Bombennächte in den Luftschutzkellern in München überstanden haben: Fehlanzeige!«

Die Autorin fragt: Was würde Franz Josef Strauß dazu sagen, dass die »von deutschen Staatsbürgern gewählten Volksvertreter auf allen Ebenen weit größere Solidarität mit Flüchtlingen aus aller Welt zeigen als mit den eigenen Bürgern«? Würde Strauß die gewählten Volksvertreter zu »unseren« Armen schicken, »damit sie ihnen in die Augen sehen, wenn sie sagen, wir haben leider kein zusätzliches Geld für unsere Bedürftigen, denn wir sind solidarisch mit der Welt und wir müssen erst die Armut der Welt lindern, bevor wir etwas für unsere eigenen Bürger tun.«

Altbekannt ist solch eine Suada von Populisten aller Herkunft. Die Ortsvereinsvorsitzende Boher spielt damit die Not der Flüchtlinge gegen die angebliche Not deutscher Bürger aus. Aus der Geschichte weiß man, wie solche Mechanismen der Demagogie funktionieren: Schaffe einen Sündenbock, der von außen kommt, stilisiere ihn zur vermeintlichen Gefahr für das Wohlergehen der eigenen Klientel, provoziere durch anrührend dargebrachte Wandermythen über Arme, Alte, Kranke oder Alleinerziehende Ressentiments – und schon wird ein Keil zwischen die Menschen getrieben. Alles dient allein dazu, die Mobilisierung der eigenen politischen Klientel zu fördern. Pfarrer Olivier weiß: So etwas nennt man Politik. Und er weiß auch: So etwas darf man nicht unwidersprochen hinnehmen.

• • • • •

Die Tirade der CSU-Ortsvereinsvorsitzenden bleibt nicht ohne Wirkung. Bohers Parteifreund und Bürgermeister von Zorneding, Piet Mayr, bezeichnet den Beitrag als Einzelmeinung, der nicht die Meinung der CSU-Mitglieder in Zorneding wiedergebe. Und er setzt hinzu:»Natürlich ist es auch nicht meine Meinung.« Ebenso ablehnend zeigt sich der Geschäftsführer der örtlichen CSU, Christian Czirnich, der sich von der Kolumne distanziert. Sie sei von Boher geschrieben, er habe den Text vor der Veröffentlichung nicht gesehen.

»Ich bin geschockt«, gibt Bettina Zetzl, Kreisvorsitzende der Frauen Union (FU), im Interview mit einer Zeitung zu Protokoll. Auch Boher gehört dem Vorstand der FU an. Man werde die Veröffentlichung ansprechen, erklärt Zetzl.»Unter den Tisch kehren kann man das nicht.« Kurz nachdem Bohers Beitrag erschienen ist, tritt der CSU-Geschäftsführer von Zorneding zurück. Nach ihm entschließt sich die Verantwortliche für die Flüchtlingsbetreuung in Zorneding ebenfalls zu einem deutlichen Signal: Sie tritt aus der CSU aus.

• • • • •

Auch dem Pfarrgemeinderat der Zornedinger Kirche platzt der Kragen: In einem offenen Brief an die Mitglieder des Ortsvorstandes der CSU fordern die elf Mitglieder die Partei auf,»aus gegebenem Anlass (...) anstelle der abgebildeten Kirchtürme unserer Pfarrgemeinde St. Martin in Zorneding und St. Georg in Pöring deutlich den Schriftzug *CSU Zorneding* in die Kopfzeile des so genannten *Zorneding-Reports* zu schreiben«. Dies, so der Pfarrgemeinderat weiter, wäre in der Vergangenheit bereits sinnvoll gewesen, um eine gewollte oder ungewollte Verwechslung mit der offiziellen Informationsschrift der Gemeinde Zorneding auszuschließen. Dann wird der Brief deutlicher: »Da nun aber der CSU-Ortsvorstand letztendlich geschlossen die braune Gedankenwelt hinter dem Artikel von Frau Dr. Sylvia Boher akzeptiert hat, ist es unverzichtbar, dass bereits auf dem Titelblatt unmissverständlich angegeben wird, wessen Geisteshaltung hier verbreitet wird.« Mit dem Schlusssatz, dass sich der Pfarrgemeinderat »in jeder Hinsicht von solch unqualifizierten, beleidigenden und törichten Formulierungen sowie verletzenden Inhalten, wie Frau Dr. Boher sie in ihrem Artikel verwendet« habe, distanziert, ist der Paukenschlag perfekt.

• • • • •

Pfarrer Olivier bekommt Kenntnis von diesem Beitrag. Er ist davon überzeugt: Die Kirche ist nicht politisch tätig, sondern neutral. »Wir gehören keiner Partei«, schreibt er auf die Anfrage einer Journalistin und fährt fort: »Aber die Kirche ist Mahnerin und Ermahnerin gegenüber den Politikern, insbesondere gegenüber denen, die sich zum Christentum bekennen. Die Kirche hält ihre Augen und Ohren offen, um wie damals Jesus den Pharisäern entgegenzutreten, wenn menschliche, moralische und spirituelle Werte zertreten werden. Insofern ist die Kirche apolitisch, aber aus ihrem Auftrag als Kirche heraus ist sie schon immer politisch tätig!«

Pfarrer Olivier begrüßt die Flüchtlingspolitik von Angela Merkel. Er schreibt eine Hymne auf die Bundeskanzlerin, sucht einen Platz dafür zur Veröffentlichung. Dabei denkt er an die Süddeutsche Zeitung, weil diese ihn am Anfang seiner Amtszeit in Zorneding interviewt hat.

Eine Redakteurin der Redaktion Ebersberg ergreift die Chance und bittet Olivier um eine Stellungnahme zur Veröffentlichung von Frau Boher – »Sie sind doch der Pfarrer von Zorneding. Wir wollen über den Beitrag ein Interview machen!« Olivier willigt ein. Er schreibt seine Gedanken auf, schickt sie an die Zeitung, die den Beitrag als Interview druckt. Und Oliviers Lob der Bundeskanzlerin noch dazu.

• • • • •

Oliviers Stellungnahme ist höflich, aber bestimmt. Erst stellt er fest: Die Stellungnahmen von Kanzlerin Merkel zur Asylpolitik verdienen Anerkennung und Lob. Er lobt ihre Ausdauer in der Verteidigung der Gerechtigkeit, der Gesetzmäßigkeit, der Menschlichkeit und der moralischen und christlichen Werte wie Liebe, Barmherzigkeit und Toleranz – um, wie er sagt, »sie zu ermutigen!«.

Olivier unterscheidet deutlich zwischen Frau Bohers Äußerungen und ihrer Person als Mensch: »Mit ihrer Person habe ich Mitleid, weil sie nicht gründlich überlegt hat, bevor sie ihre kritischen Anmerkungen geschrieben hat!«

Ihre Äußerungen, so urteilt der Pfarrer, seien »weder auf wahre historische noch auf aktuelle Tatbestände bezogen, sondern nur Emotionen aufgrund falscher Wahrnehmungen«.

Wissenschaftlich exakt seziert Olivier den logischen Widerspruch in der verquasten Argumentation des Beitrags, die scheinbar den ehemaligen CSU-Vorsitzenden Strauß vorschiebt – offensichtlich aus dem Grund, weil sich die Autorin selbst nicht traut, für ihre Gesinnung einzustehen.

Pfarrer Olivier stellt über die Autorin fest: »Sie beleidigt die Kanzlerin und den Bundespräsidenten, weil sie diese als Faktoren eines Gottesstaates betrachtet – nur weil sie evangelisch sind, dazu aus der DDR.« Ihre Äußerungen bezeichnet Olivier als »ideologisch und demagogisch«. Und er setzt nach: »Es ist gut, dass eine Partei sich zum christlichen Glauben bekennt, aber umso mehr fordere ich von einer solchen Partei, dass sie dem christlichen Glauben Rechnung trägt, sonst ist das eine Täuschung. Je mehr Äußerungen wie die von Frau Boher von dieser Partei kommen, desto mehr stellt sich die Frage der Tragbarkeit und Täuschung.«

Gleichzeitig nimmt der Pfarrer die Bürger von Zorneding in Schutz: »Die Mehrheit der Bevölkerung ist offen zu den Asylbewerbern. Wir haben über 100 Helfer im Helferkreis für 49 Asylbewerber. Die Schmierereien auf Wänden gegen die Asylbewerber kommen von einer Minderheit, die der Rede nicht wert ist.«

Pfarrer Olivier schließt seine Stellungnahme mit einem persönlichen Statement: Solche boshaften Äußerungen täten ihm einfach weh. »Diese ganze Geschichte ärgert mich, macht mich traurig. Und zugleich fühle ich Mitleid mit dieser Frau, die Politik macht ohne Gesetze, Toleranz und Wahrheit!«

• • • • •

Die Zeitung druckt die Stellungnahme von Pfarrer Olivier. Sie ist nur eine von vielen, die in diesen Tagen die Presse füllen. Dank an den Pfarrer sendet ein Leser aus dem nahen Vaterstetten: »Es war eine wahrhaft christliche Stellungnahme!« Viele der Leserbriefschreiber drücken ihre Sympathie für die Position des Zornedinger

Pfarrers aus. Mails erreichen auch seinen persönlichen Mailaccount. Nur wenige Kritiker sind darunter, jetzt anfangs nur einer oder zwei. Die meisten Schreiber loben den Priester und seine besonnene Stellungnahme. Einer allerdings wendet sich direkt an seinen Dienstvorgesetzten, den Kardinal in München. Er beschwert sich, es sei von Olivier »ungezogen, unseren Politikern hier zu sagen, was sie zu tun haben!«. Pfarrer Olivier weiß, was er zu tun hat. Letztlich darf er als Priester keine Grenzen kennen, wenn es um Menschlichkeit und Gerechtigkeit geht. Sein Dienst beschränkt sich nicht auf eine Pfarrei, nicht auf eine Grenze: »Ich muss allen Menschen sagen, was Jesus sagt und will. Und zu diesen Menschen gehören eben auch die Politiker!«

· · · · ·

Die Lage spitzt sich zu. Denn die CSU zeigt sich hartleibig und stellt sich erst einmal zu großen Teilen hinter ihre Ortsvorsitzende. Und das, obwohl die Politologin schon mehr als einmal mit rechtspopulistischen Äußerungen für Aufregung gesorgt hat. Die Süddeutsche Zeitung druckt am 26. Oktober einen Leserbrief, in dem der Beitrag von Boher nur als »trauriger Höhepunkt in der Reihe fragwürdiger Kommentare« der Politikerin gebrandmarkt wird. Kann die Bemerkung über die Zugezogenen mit norddeutschem Akzent, die die »Baulandpreise ins Utopische wachsen lassen«, noch als folkloristischer Beitrag abgetan werden, wird Bohers Kommentar, den der Leserbrief zu Angela Merkels 60. Geburtstag aus dem Jahre 2014 zitiert, schon deutlich verschrobener: Hier wird Angela Merkel als »Kanzlerin aus dem kommunistischen Deutschland« diffamiert – ein Satz, der offensichtlich auch bei der CSU Bauchschmerzen auslöst. Der Leserbrief-Autor resümiert: »Dr. Boher scheint unbelehrbar zu sein und die CSU Zorneding wohl auch.«

Wie sehr er recht hat, zeigt sich wenige Tage später: Als der Pfarrgemeinderat sich mit dem zitierten Schreiben von der CSU-Autorin Boher distanziert und die Partei auffordert, die Kirchtürme durch den Schriftzug der Partei zu ersetzen, dreht der stellvertretende CSU-Ortschef und Gemeinderat Johann Haindl erst richtig auf. Nachdem der Pfarrgemeinderat seinen Brief geschrieben hat und Pfarrer Olivier sich »ziemlich überrascht« darüber zeigt, dass sich der CSU-Ortsvorstand nach wie vor hinter Boher stellt, reagiert er, wie der Münchner Merkur in seiner »Ebersberger Zeitung« berichtet, mit einem »schallenden Lachen«. Über den Pfarrgemeinderat sagt Haindl: »Das ist die gleiche Clique, die diese Diskussion erst angestiftet hat. Hinterfotzig. Dieses Kasperltheater nehme ich nicht für voll!«

Und dann hat CSU-Mann Haindl im Gespräch mit dem Reporter der Ebersberger Zeitung für den schwarzen Priester Olivier einen ganz besonderen Rat bereit: »Der muss aufpassen, dass ihm der Brem« – (gemeint ist damit Oliviers Vorgänger als Pfarrer der Gemeinde) – »nicht mit dem nackerten Arsch ins Gesicht springt, unserem Neger!«

· · · · ·

Bayern kann deftig sein. Aber für diese Wortwahl hat auch der unfreiwillig vom CSU-Mann Haindl zitierte Altpfarrer Brem keinerlei Verständnis. Im Gegenteil. Er wundert sich, dass ihm eine Abneigung gegen seinen Nachfolger unterstellt wird. Und wundert sich noch mehr über die Rückendeckung, die Boher seitens der Zornedinger CSU offensichtlich genießt. Der Münchner Merkur zitiert ihn mit der Aussage:»Die hat immer schon so einen Blödsinn geredet – warum die CSU so jemanden zur Ortsvorsitzenden wählt, habe ich nie begriffen!«

••••••

Die Auseinandersetzung wird schärfer: Die SPD spricht bei Boher von einem»isolierten Verhalten«. Man könne froh sein,»dass Zorneding mehr bunt als braun ist!«. Ein Zornedinger Grünen-Gemeinderat wird noch deutlicher:»Wir sind entsetzt.« Ähnliche Kommentare sei man von Boher schon seit Jahren gewohnt. In der CSU reagiere aber niemand und Boher werde immer wiedergewählt. Sie fische am»rechten Rand« nach Stimmen. »Das Schlimme ist, dass sie nicht gestoppt wird und offensichtlich einen Freibrief hat.«

»Wir kennen die Querschüsse von Frau Boher«, erklärt ein Vertreter von den Freien Wählern. Damit würden Ängste geschürt.»Ich hoffe, dass die Ansichten von Frau Boher kein Gehör finden.«

»Die persönlichen Äußerungen von Frau Boher sind sehr pointiert und zugespitzt, sie stellen ausschließlich ihre private Meinung dar«, betont der CSU-Kreisvorsitzende Thomas Huber. Er teile die Ansichten von Boher nicht. Sie könne nicht für sich in Anspruch nehmen, für die CSU zu sprechen.»Ich habe mit Frau Boher gesprochen«, so Huber. Der Ortsvorstand Zorneding werde sich damit auseinandersetzen. Zudem werde er das Thema auf die Tagesordnung der nächsten Sitzung des Kreisvorstands setzen.

• • • • •

Die Lunte ist gezündet. Denn nicht nur empörte Bürger und Unterstützer von Pfarrer Olivier melden sich zu Wort. Sondern zunehmend wagen sich diejenigen aus den Löchern, die sonst nur klammheimliche Freude an braunen Parolen verspüren. Bohers Vorstoß macht offensichtlich den Extremisten Mut. Schon am 19. Oktober, kurz nach der Veröffentlichung des Beitrags, melden Journalisten, dass die rechtspopulistischen Äußerungen der Zornedinger CSU-Ortsvorsitzenden in den bekannten Foren im Internet starken Anklang fänden. Die Süddeutsche Zeitung vermeldet: »Sowohl auf einer von polizeibekannten Neonazis geführten Facebook-Seite als auch bei Pegida-Bayern wird Boher für ihre Aussagen bejubelt, mit denen sie die heimatvertriebenen Flüchtlinge nach dem Zweiten Weltkrieg gegen heutige Flüchtlinge ausspielt und behauptet, für deutsche Bedürftige sei kein Geld mehr da.« Ein AfD-Funktionsträger meldet sich zu Wort und lobt Boher ausdrücklich, die sich »frank und frei ihre Meinung zu schreiben« traue. Das hebe sie »wohltuend ab von vielen windschlüpfrigen und substanzlosen Polit-Sprech-Profis«.

Die »Verunglimpfung von Flüchtlingen und widerlegbaren Lügen«, die hingegen ein Zeitungs-Kommentar im Boher-Text feststellt, tun aller Abstrusität zum Trotz offensichtlich ihre Wirkung: Sie mobilisieren den braunen Rand der Gesellschaft. Und damit auch diejenigen, die nicht vor der Androhung von Gewalt zurückschrecken.

Wie war das noch? »Der muss aufpassen, dass ihm der Brem nicht mit dem nackerten Arsch ins Gesicht springt, unserem Neger!« Immerhin bleibt zumindest diese Entgleisung des CSU-Mannes Johann Haindl nicht ohne Folgen. Zwar versucht er, seine Äußerung als lediglich »flapsige Bemerkung« zu relativieren – doch damit schafft er seine Sätze nicht aus der Welt. Die Pressestelle des Erzbischöflichen Ordinariats in München erhält davon Kenntnis, Kardinal Marx auch. Die Kirche entschließt sich, ihren Priester nicht beschimpfen zu lassen. Und antwortet mit einer deutlichen Pressemitteilung. Die geht weit durch viele Medien. Darauf muss Haindl reagieren. Er ringt sich zu einer schriftlichen Entschuldigung gegenüber dem Erzbischöflichen Ordinariat durch für seine rassistische Äußerung gegenüber Pfarrer Olivier und zieht schließlich auch politische Konsequenzen: Als stellvertretender CSU-Ortsvorsitzender tritt er zurück. Und kündigt zudem an, auf sein Gemeinderatsmandat verzichten zu wollen.

Das Zornedinger Beben erreicht sogar den Iran. Die bayerische Ministerin Ilse Aigner ist zu dieser Zeit dort auf Besuch. Zorneding gehört zu ihrem Wahlkreis. Das, was sie aus der Heimat hört, beunruhigt sie. Sie legt Wert darauf, dass die CSU keine ausländerfeindliche Partei sei.

• • • • •

Der Ton wird härter. Die Stimmung in Zorneding verschärft sich. Dann kommt der Montag, der 30. November, an dem Pfarrer Olivier den Briefkasten leert und die erste Postkarte entdeckt – die Postkarte mit der

Drohung, den schwarzen Pfarrer nach Auschwitz zu senden.

Pfarrer Olivier reagiert als Seelsorger: Kurzerhand klebt er die Karte mit ihren ungeheuerlichen Beschimpfungen an seine Bürotür. Er hofft, dass ein solches Zeugnis von Dummheit, Hass und Brutalität die Menschen, die bei ihm ein- und ausgehen, zum Nachdenken anregt. Es ist für ihn wie eine Predigt: Seht, so etwas passiert auch in unserer Gesellschaft. Oliviers Intention gelingt – wenn auch anders als erhofft: Einige Menschen zeigen sich entsetzt, andere erstaunt, verwundert. Wieder andere sind schlicht verstört. Sie bitten den Pfarrer, die Karte abzunehmen, weil sie verwirrend wirken könne, wie sie meinen. Olivier folgt schließlich ihrem Wunsch. Denn er möchte seine Gemeinde nicht verunsichern.

Darum wendet er sich auch nicht an die Polizei. Noch nicht. Für ihn ist das die Spinnerei eines Einzelnen, eines Wirrkopfes. Deshalb wissen auch nicht viele Leute über diese erste Drohung Bescheid – und deshalb findet die Polizei auch später keine verwertbaren Spuren mehr auf der Karte, weil Olivier sie einfach abheftet und zu den Akten legt.

· · · · ·

Doch Hass lässt sich nicht einfach zu den Akten legen. Die Drohungen werden häufiger, drängender. Kurze Zeit später erreichen weitere Schreiben das Zornedinger Pfarrhaus, beleidigend, beschimpfend.

Das Niveau ist, der Geisteshaltung der Absender entsprechend, erwartbar tief: »Haben Sie Ihre Brüder angesprochen, die die deutschen Frauen in Köln vergewaltigt haben?«, heißt es da etwa in einem Schreiben. In einem anderen Brief, an den sich Pfarrer Olivier gut erinnern kann, fordert der Schreiber ihn auf: »Sie fühlen sich hier nicht wohl? Dann gehen Sie doch dahin, wo Sie hergekommen sind!« Ein dritter Briefschreiber fordert den Pfarrer auf, er »möge bitte sein Gastrecht nicht missbrauchen!«.

Äußerungen solchen Inhalts machen dem Pfarrer das Leben zunehmend ungemütlich. Er tröstet sich vorerst noch mit einem Satz, den *Albert Einstein* einst schrieb, nämlich: Es gebe zwei Dinge, die unendlich seien: Erstens das Weltall. Und zweitens die menschliche Dummheit. Dann fügte der Gelehrte noch hinzu: »Nur beim Weltall bin ich mir noch nicht so ganz sicher!«

Pfarrer Olivier hat einen deutschen Pass.

· · · · ·

Die Welle der Drohungen schwillt an. Schmähungen werden lauter. In einem Brief im Februar droht ein Schreiber handfestes Ungemach: »Jetzt ist es Zeit, dass Sie Zorneding verlassen. Sonst geht es Ihnen genauso, wie es dem anderen Pfarrer ergangen ist.« Beigefügt ein Zeitungsausschnitt, der die Geschichte eines protestantischen Pfarrers aus dem Rheinland zeigt, der von Rechtsradikalen überfallen und zusammengeschlagen wurde – weil er von der Kanzel aus gegen den Ausländerhass der Neonazis predigte. Der Autor setzt sogar noch hinzu, dass man im Fall des Zornedinger Pfarrers »treffsicher« sein werde.

In einem anderen Brief wird die Drohung noch konkreter: »Wir wissen, wo Du wohnst. Wir können das Licht im Pfarrhaus sehen. Wir kennen Dein Autokennzeichen!« Das macht unwohl. Denn der Geistliche ist in seinem kleinen Twingo viel unterwegs. Oft besucht er die zahlreichen Filialkirchen, in denen er Abendgottesdienste und Andachten abhält – und dabei ist er nach der Messe fast immer allein. Es ist die Zeit, in der Pfarrer Olivier plötzlich ein Gefühl entwickelt, das er sonst nicht kennt: Das Gefühl heißt – Angst.

• • • • •

Auf Rat seiner Vertrauten im Pfarrgemeinderat informiert er die Polizei über die Vorkommnisse. Die ist alarmiert. Ihr kommt Kommissar Zufall zur Hilfe. Im Briefverteilungszentrum in München fischen Postangestellte nämlich etwa zur gleichen Zeit eine weitere eindeutige Karte aus der Sortieranlage. Diese enthält dieselben Botschaften wie diejenige Karte, die Pfarrer Olivier am 30. November aus seinem Briefkasten holte. Die Postmitarbeiter informieren die Polizei. Der Hauptkommissar meldet sich im Pfarrhaus und teilt dem Priester mit, es gebe noch eine zweite Karte – und ob sie diese überprüfen können. Wieder gehe es, so berichtet der Polizist, um Auschwitz, wieder um »Neger«, wieder um Morddrohungen. Pfarrer Olivier willigt zur Untersuchung ein.

Und siehe da: Die Experten des Landeskriminalamtes finden die Fingerabdrücke eines 74-jährigen Rentners aus München, der schon in früheren Jahren immer wieder mit rassistischen Schmähungen hervorgetreten ist. Die Polizei beantragt eine Hausdurchsuchung und findet noch mehr belastendes Material. Der Rentner wird vor Gericht zitiert – wegen Volksverhetzung und Beleidigung. Der Fall wird im

Landgericht Ebersberg verhandelt. Doch beim ersten Verhandlungstermin erscheint der Angeklagte nicht. Er wird verhaftet und zum zweiten Termin polizeilich vorgeführt. Pfarrer Olivier wird im Prozess als Zeuge geladen. Dabei macht er eine kuriose Beobachtung: Als der Priester aussagt, wendet sich der Angeklagte seiner Frau zu und sagt:»Den kenne ich gar nicht!« Im Prozess sieht Olivier die zweite Postkarte zum ersten Mal. Wie ihm gesagt worden war – der Inhalt ist der gleiche wie zuvor: Morddrohung, Auschwitz, Neger.

• • • • •

Der Auftritt vor Gericht kostet den Gottesmann Kraft. Er ist aufgeregt. Auch deshalb, weil er zum ersten Mal in seinem Leben überhaupt vor einem Richter steht. Als er seine Aussage beendet hat, darf er gehen. Olivier ist erleichtert darüber.

Erst später hört er, dass der Rentner verurteilt wurde: Zehn Monate auf Bewährung, dazu sechshundert Euro für einen gemeinnützigen Verein, der sich mit der Betreuung von Flüchtlingen beschäftigt. Doch der Angeklagte geht in Berufung. Die Staatsanwaltschaft auch.

Eine Geste versöhnt den Priester. Als er das Gerichtsgebäude in Ebersberg verlässt, kommt eine Anwältin auf ihn zu, gibt ihm die Hand und sagt:»Ich würde Ihnen gerne als bayerische Bürgerin sagen, dass es mir sehr leidtut.«

• • • • •

Doch mit dem Prozess sind die Drohungen noch nicht vorbei. Eines Tages geht ein Mann aus der Gemeinde, der nicht weit weg von der Kirche wohnt, zur stellvertretenden Bürgermeisterin. Auf sie macht er einen aufgewühlten Eindruck. Im Gespräch mit der Bürgermeisterin äußert er sinngemäß, dass am Samstag nach dem Gottesdienst der Zornedinger Pfarrer nicht mehr existieren werde. Er sagt das in so offensichtlich wütendem Ton, dass die Bürgermeisterin Angst bekommt. Sie informiert die Polizei.

Am Abend des folgenden Freitags klopfen zwei Polizisten an der Tür des Pfarrhauses. Pfarrer Olivier lässt sie ein. Sie zeigen ihm den Brief der Bürgermeisterin. Und sie sagen: »Sie brauchen keine Angst zu haben. Am Abend des Samstags werden wir auch beim Gottesdienst sein und auf Sie aufpassen.«

Kurz vor dem Gottesdienst klingelt am nächsten Tag ein Gemeindemitglied. Der Mann will den Pfarrer warnen vor dem, was er gerade erlebt habe: Vor der Kirche habe ihn nämlich ein Mann angesprochen und mit dem Satz gedroht, nach der Messe werde der Pfarrer nicht mehr existieren. Dieser Mann sei daraufhin in die Kirche gegangen. Als vereinbarungsgemäß die Polizei zur Abendmesse eintrifft, ist er allerdings nicht mehr zu sehen. Wo ist er abgeblieben?

· · · · ·

Pfarrer Olivier und seine beiden Begleiter von der Polizei betreten die Kirche, gehen in die Sakristei. Sie fragen den Mesner, ob er einen Menschen, auf den die Beschreibung des Bedrohers passt, bemerkt habe. Da sehen sie plötzlich von der Sakristei aus, dass der Mann, der die Drohung ausgesprochen hat, mit grimmiger Miene vorn am Altar steht. Das verheißt nichts Gutes.

Was nun? Die Polizei beobachtet die Lage. Beratung. Was können Pfarrer und Polizisten in dieser Lage tun? Kann die Polizei den Mann verhaften? Der Anruf der Polizisten bei ihren Vorgesetzten bringt Klarheit. Nein, verhaften geht nicht: Der Mann hat bisher nichts Kriminelles gemacht, Gefahr scheint nicht im Verzug. Eine Durchsuchung kommt ebenfalls im Augenblick nicht in Frage. Die Gemeinde wartet, dass der Gottesdienst beginnt. Was tun?

Deshalb will Pfarrer Olivier zum Altar und zelebrieren. Seine Überlegung ist einfach: Die Polizisten sind in der Sakristei. Wenn der Bedroher wirklich etwas anrichten will, sind die Polizisten in drei, vier Schritten da.

Dennoch – im Geistlichen keimen ein paar Zweifel. Wie sieht so was in der Praxis aus? Er geht da rein, ein möglicher Täter ist zwei Meter von ihm entfernt – wie will da die Polizei eingreifen?

Doch Pfarrer Olivier wäre nicht ein Mann Gottes, wüsste er nicht auch hier einen Weg. Mit einem Stoßgebet wendet er sich an seinen höchsten Vorgesetzten – »Unsere Hilfe ist im Namen des Herrn, der Himmel und Erde erschaffen hat ...« – und geht los. Schließlich ist es ein Gottesdienst! Ein Gedanke schießt ihm durch den Kopf: »Es ist schließlich Gottes Feier, nicht meine!« Also fällt er die Entscheidung: Wir halten den Gottesdienst!

Von diesem Zeitpunkt an hat Pfarrer Olivier keine Bedenken mehr gegenüber dem finster dreinblickenden Herrn, der nun nur ein paar Armlängen entfernt an einer Säule lehnt. Der Geistliche schaut sich den Mann genauer an. Der Mann ist wütend. Er zittert vor Zorn.

Hat ein rotes Gesicht. Auf irgendetwas hat er ungeheure Wut – das ist ihm anzumerken. Er steht da wie in Hass erstarrt, die Augen nur auf den Pfarrer gerichtet. Die Messe nimmt ihren Fortgang. Die Wandlung. Die Kommunion. Noch immer steht der Mann an der Säule, blickt den Priester finster an. Er steht gerade da, wo Olivier die Kommunion austeilen muss. Der Pfarrer geht mit festem Schritt auf ihn zu und gibt ihm die Hostie in die Hand. Plötzlich sagt der Mann zum Geistlichen: »Ich möchte mich nach der Kommunion bei Ihnen vorstellen!« Erst dann gibt er den Weg frei für die anderen Gemeindemitglieder, die auch zur Kommunion wollen.

Der Segen: »Gehet hin in Frieden!« Der Mann bleibt. Was hat er gesagt? Er wolle sich »bei ihm vorstellen«? Pfarrer Olivier bittet den Mann in die Sakristei. Der Mann folgt ihm. Einer der Polizisten wendet sich an ihn und sagt: »Sie wollen sich beim Pfarrer vorstellen?« Nicht freundlich, sondern fordernd bricht es plötzlich voller Wut aus dem Mann heraus: »Was Sie da beten, das sollten Sie weglassen. Beim Vaterunser sollten Sie nicht beten: Und führe uns nicht in Versuchung!«

Dem Pfarrer wird klar: Der Mann ist nicht ganz normal. Er bricht in einen religiös verbrämten Redeschwall aus, in dem immer mehr abstruse Thesen sich vermengen. Er ist nicht zu stoppen. Die Polizisten beginnen sich zu langweilen. Der Pfarrer greift ein: »Wenn Sie ein theologisches Gespräch mit mir möchten, kommen Sie bitte zu den Öffnungszeiten in das Pfarrbüro!«, und komplimentiert den ebenso bedrohlich wirkenden wie anstrengenden Zeitgenossen aus Sakristei und Kirche.

Die Polizei geht an diesem Abend. Am Tag drauf, am Sonntag, kommt der Mann wieder. Die Gemeinde ist von seinem bedrohlich wirkenden Gehabe irritiert. Manche Gottesdienst-Besucher bekommen Angst, als er während der Messe demonstrativ seine Jacke öffnet – sie fürchten, er könnte daraus eine Pistole hervorziehen. Doch auch die Polizei ist wieder anwesend. Das sorgt für Ruhe. Jedenfalls im Augenblick.

Die Lage wird aber immer prekärer. Eines Morgens findet Olivier ein weißes Pulver in seinem Briefkasten verstreut. Was es ist, weiß er nicht: Backpulver? Kokain? Rattengift? Der Geistliche will deswegen keinen Aufstand machen und lässt es nicht analysieren. Aber als er den Briefkasten reinigt, geht er mit Gummihandschuhen und verschließbaren Plastiktüten zu Werke. Man weiß schließlich nicht, um was für Zeug es sich da wirklich handelt.

• • • • •

Die Atmosphäre in Zorneding verändert sich. Im Zusammenleben der Bürger brechen Gräben auf. Zwar geschieht das nicht wegen des Geistlichen und seiner Stellungnahme, sondern vor allem wegen der verhärteten Fronten um die »Affäre Boher«.

Der schwarze Priester wird für manche der Einwohner, ohne es zu wollen, zu so etwas wie einem Symbol des Skandals. Sie machen ihn und seinen Pfarrgemeinderat dafür verantwortlich, dass der ganze Aufruhr um den Boher-Text solch weite Kreise zieht. Als immer mehr Journalisten ins Dorf kommen, um sich dort umzuschauen, wird die Lage noch schwieriger. Plötzlich hören Menschen, die Pfarrer Olivier seit Jahren gut kennt, auf, ihn zu grüßen.

Pfarrer Olivier spürt, dass er sich in diesem Umfeld nicht mehr wohlfühlen kann. Er will auch nicht weiter zu den Vorfällen Stellung nehmen, lehnt weitere Interviews ab. Für ihn gilt: In seiner Rolle als Priester hat er alles gesagt, was nötig war. Er möchte sich öffentlich nicht mehr weiter äußern. Diese Entscheidung teilt er dem Erzbischöflichen Ordinariat in München mit.

• • • • •

Die Konsequenz folgt rasch: Pfarrer Olivier nutzt den Sonntags-Gottesdienst am 6. März 2016, um von der österlichen Freude zu sprechen und von einem Gott zu reden, der nicht intolerant sei, sondern Freiheit schenke. Seine Predigt widmet der Geistliche dem Gleichnis vom verlorenen Sohn und betont darin die Wichtigkeit einer Umkehr. Am Ende des Gottesdienstes berichtet der Pfarrer über die Misereor-Spendenaktion und informiert die Gemeinde, dass Altpfarrer Brem erkrankt sei. Dann platzt die Bombe: Ganz am Schluss teilt Pfarrer Olivier mit, dass er die Gemeinde Zorneding verlassen werde – wegen »persönlicher Erfahrungen aus der letzten Zeit«. Er verabschiedet sich mit den Worten: »Auf Wiedersehen. Ich wünsche Ihnen einen schönen Sonntag!«

Das Ordinariat verbreitet daraufhin eine Pressemitteilung. Am nächsten Tag prasseln so viele Anfragen ein, dass das Ordinariat sich verschreckt entschließt: Weil so viele Anfragen kommen, lassen wir Pfarrer Olivier erst einmal verschwinden. Eine befreundete Familie in München, die den wachsenden Skandal mitbekommen hat, schickt ihm in tätiger Nächstenliebe kurzerhand ihren Haustürschlüssel: »Den darfst Du jederzeit benutzen. Wenn Du einmal wegmusst und Du weißt nicht wohin, dann komm Du bitte jederzeit zu uns!« Für Olivier eine starke Geste.

Der Abschied aus Zorneding kommt in einer Nacht-und-Nebel-Aktion. Das Ordinariat ruft den Priester an. »Bereiten Sie bitte vor, was Sie mitnehmen können!« Dann die Frage: »Haben Sie Freunde, wo Sie kurzfristig bleiben können?« Ja. Olivier hat den Schlüssel. Jetzt ist es Zeit, ihn zu benutzen. Im Schutz der Dunkelheit verlässt er Zorneding mit einem Koffer und einer Büchertasche. Vier Tage bleibt er bei der befreundeten Familie. Danach organisiert ihm das Ordinariat einen Unterschlupf auf Dauer – in einem Nonnenkloster. Mehr als einen Monat bleibt Pfarrer Olivier dort. Dort findet er das, was er jetzt am meisten braucht: Ruhe, Sicherheit, Frieden.

* * * * *

Dass diese Auszeit nötig ist, machen die Ereignisse, die auf den Amtsverzicht des Geistlichen folgen, deutlich. Dreitausend Zornedinger Bürger demonstrieren für »ihren« Pfarrer, gehen mit Kerzen in der Hand auf die Straße. Die Leserbriefspalten der Zeitungen füllen sich mit entsetzten Statements über die Affäre Boher und mit Solidarbekundungen für Olivier. Hunderte von Mails und Briefen erreichen ihn, sprechen ihm Mut und Bewunderung zu.

Auch Journalisten hängen sich mehr denn je an seine Fersen. Sie verfolgen den Priester, versuchen herauszufinden, wo sie ihn finden können, und tauchen immer wieder unangemeldet im Zornedinger Pfarrhaus auf.

Dort finden sie Pfarrer Olivier nicht. Am 29. April besteigt er eine Maschine nach Kinshasa. Zwei Monate verbringt er im Kongo, um Abstand zu den Geschehnissen in Zorneding zu gewinnen. Am 21. Juli dann tritt der katholische Priester Prof. Dr. Olivier Ndjimbi-Tshiende an der katholischen Universität Eichstätt eine Forschungsstelle an. Das Thema seiner Forschungen lautet: »Flucht und Migration«.

KAPITEL 2

WAS, WENN GOTT ALLE MENSCHEN GLEICH ERSCHAFFEN HÄTTE?

Meine erste Begegnung mit einer Hautfarbe, die anders aussah als meine eigene, war die weiße Haut der Kolonialherren des Kongo. Das waren Menschen aus Belgien, die als Verwalter, Ärzte und Missionare zu uns kamen. Ich kann mich entsinnen, es war wohl bei meinen ersten Impfungen, bei denen es zu dieser Begegnung mit weißen Ärzten und Schwestern kam – und später dann auch mit den Priestern bei den Gottesdiensten. Das waren zu jener Zeit ausschließlich Menschen mit weißer Hautfarbe.

Ich war natürlich als Kind erstaunt, dass es auch solche Menschen gibt – aber es war kein Schock, nur eine Art kindlicher Verwunderung, die mich ergriff.

• • • • •

Die Unterschiede werden klar. Doch bald schon stellte ich einige Besonderheiten fest, die offensichtlich mit den Unterschieden der Hautfarbe zu tun hatten: Bei den Gottesdiensten saßen nämlich die weißen Herren und Damen in speziellen Flügeln nah beim Altar, während das schwarze Glaubensvolk im Kirchenschiff Platz fand. Hier waren die Hautfarben strikt getrennt. Noch mehr darüber nachzudenken begann ich in meiner Schulzeit. Da wurde nämlich eines Tages eine Schule nur für die europäischen Kinder gebaut. Schwarze Schüler wurden nicht aufgenommen.

Auf Gerechtigkeitsfragen war ich zu dieser Zeit als Schuljunge noch nicht wirklich gestoßen. Ich folgte da dem Beispiel der meisten anderen schwarzen Menschen in unserem Dorf. Diese nahmen die unterschiedliche Behandlung von Schwarz und Weiß wahr – aber regten sich nicht darüber auf.

Und doch: Es fiel mir irgendwie auf, dass diese neue Schule nur für die weißen Kinder in keiner Weise mit unserer Schule für uns Schwarze zu vergleichen war. Die Schule für Europäer-Kinder war mit besten Ziegeln gemauert, mit einem festen, regendichten Dach, hohen Fenstern und modernem Sonnenschutz ausgestattet, mit schicken Schulmöbeln möbliert, mit einem Linoleumboden versehen – alles Dinge, von denen wir als Dorfkinder nur träumen konnten. Denn wir hockten in unserer Dorfschule für die zwei ersten Schuljahre auf roh zusammengezimmerten, wackligen Holzbänken in einer Hütte, die mit Holzlatten und Palmwedeln gedeckt war. Die weißen Schüler hingegen genossen eine Schule mit bester technischer Ausstattung, ja, sie wurden sogar in eigenen Bussen zum Unterricht chauffiert und wieder nach Hause gebracht.

· · · · ·

Fahrrad oder Limousine? Wir schwarzen Dorfkinder dagegen gingen zu Fuß zur Schule. Und auch sonst war die Kluft mehr als deutlich. Denn ein Motorrad, geschweige denn ein Auto, hatte niemand in unserem Dorf. Langsam dämmerte mir, dass die Weißen doch vielleicht mehr Mittel, mehr Rechte und mehr Chancen hatten als wir Schwarzen. Das war für mich erst einmal eine Feststellung – nicht verbunden mit einem Aufbegehren.

Allerdings gab es für mich und meine Klassenkameraden zu dieser Erfahrung auch ein Gegengewicht: Was uns guttat, das war die Begegnung mit den Missionaren. Diese waren die ersten, die uns überhaupt Schulen auf das Land brachten. Der Staat war dazu offensichtlich zu keiner Zeit in der Lage. Es waren Missionare, keine staatlichen Lehrer, die uns das Schreiben und Lesen beibrachten. Wir spürten: Diese Menschen standen zu uns. Sie interessierten sich für unsere Sorgen, unsere Nöte und wurden für uns zu wichtigen Bezugspersonen.

Auch die Krankenhäuser für uns Schwarze wurden nur von den Missionaren betreut. Für die Europäer gab es spezielle Kliniken – Schwarze kamen da nicht hinein. Die Missionare waren diejenigen, die uns wirklich zur Hilfe gekommen sind. Denn bei ihren Missionsreisen hatten sie beispielsweise immer Medikamente dabei. Durch diese Medikamente wurden viele Kranke bei uns im Dorf wieder gesund. Das machte die Missionare glaubwürdig: Es zeigte uns Schwarzen, dass sie uns auch als Menschen helfen wollten.

• • • • •

Und doch alle erschaffen nach dem Ebenbild. Natürlich haben diese Missionare auch das getan, was Missionare tun: den Glauben verbreiten. Besonders spannend fand ich als Kind eine Botschaft: Sie erzählten uns anhand der Geschichten aus der Bibel, dass wir alle, egal ob schwarz oder weiß, Kinder Gottes sind. Und dass uns der eine Gott alle erschaffen hat als sein Abbild.

Mit solchen Botschaften löste das Christentum die verschiedenen Strömungen der bisherigen Religiosität ab. Das war auch nicht schwer: Denn meist bestand die dörfliche Frömmigkeit in der Verehrung verschiedener Geisterwesen, die mal so, mal so für das Wohlergehen der Menschen verantwortlich gemacht wurden. Zum Opfer und zur Ehre dieser Geister wurden im Dorf und auch in meiner Familie zwei Mal im Jahr rituelle Mahlzeiten abgehalten. Dazu vermittelte eine Priesterin den Kontakt vom Diesseits zum Jenseits. In unserem Fall war es meine älteste Schwester. In einer Liturgie fiel sie in eine Art Trance. Dann verwandelte sie sich mit ihrer Stimme und sagte für jeden Einzelnen aus der Familie die Zukunft voraus. Auch als das Christentum längst Einzug in unserem Dorf gehalten hatte, wurde größtenteils dieser Ritus parallel weiter gefeiert. In meiner Familie wurde er zum Beispiel erst nach meiner Priesterweihe aufgegeben – auf meine Bitte hin.

• • • • •

Wirklich Gottes Ebenbild? Dank des Unterrichts der Missionare lernte ich lesen, schreiben, stöberte in Büchern – und las natürlich die Bibel. Immer wieder. Ein Satz aus dem Alten Testament faszinierte mich schon als Kind besonders: »Lasst uns Menschen machen als unser Abbild, uns ähnlich!« *(Genesis 1,26)*

Schon damals wurde mir klar: Hier steht etwas ganz Revolutionäres. Außergewöhnliches. Denn das erste Buch der Bibel sagt hier, dass Gott tatsächlich alle Menschen erschaffen hat. Und diese Menschen haben die unglaubliche Eigenschaft, dass sie Gott ähnlich sind. Das erhebt sie. Und das unterscheidet den Menschen von der restlichen Schöpfung.

Deshalb ist der Mensch nicht den Tieren gleich zu behandeln. Die Stellung des Menschen innerhalb der Welt ist durch ein wichtiges Merkmal hervorgehoben: Der Mensch ist Gott ähnlich! Von keiner anderen Schöpfung hat Gott das gesagt. Diese Besonderheit der Schöpfung hat uns Menschen die Unantastbarkeit unserer Würde verliehen. Das heißt: Den Menschen muss man immer respektieren. Schon allein aufgrund seiner Gottes-Ebenbildlichkeit, so gebietet uns das Wort der Bibel, muss man den Menschen ehren. *(Verfassung der BRD, Art. 1)*

Dieser Respekt, den die Bibel fordert, muss konkret gestaltet werden. Ein Beispiel: Weil der Mensch Gott ähnlich ist, darf er nicht getötet werden. Dies Recht steht streng genommen nur Gott zu *(Exodus 20,13)*. Der Grund dafür ist klar: Weil der Mensch kein Besitz des Menschen ist – sondern nur Gott angehört, seinem Schöpfer. Deshalb darf es auch keine Sklaverei und keine Unterdrückung geben – im Gegenteil: Zum Menschen gehört die Freiheit, die Gott ihm geschenkt hat: die Freiheit im Denken, im Wohnen auf der ganzen Welt, also die Bewegungsfreiheit, in seinem Handeln, in der Wahl seines Liebespartners oder seines Berufs. Der Mensch darf und soll sich in dem, was er tut, wohlfühlen. Das ist der Auftrag der Schöpfung.

· · · · ·

Welche Hautfarbe hat der liebe Gott? Eine Frage ist für manche Menschen dennoch nicht gelöst: Wenn wirklich alle Menschen Gottes Schöpfung sind – und nach seinem Abbild gestaltet wurden: Wie sieht Gott dann wirklich aus? Wie ein Chinese oder wie ein Indianer? Wie ein Franzose oder wie ein Azteke? Wie ein schwarzer Mensch – so wie ich es bin? Oder wie ein Eskimo, in Grönland, ein Aborigine, ein Ureinwohner Australiens?

Man kann es kaum glauben: Heute noch, im 21. Jahrhundert, zerbrechen sich Leute, die die Menschen in Rassen einteilen, über diese Frage tatsächlich den Kopf. Und manche von ihnen am liebsten nicht nur den eigenen.

Könnte ein – hier natürlich weißer – Anhänger des Ku-Klux-Klans akzeptieren, dass ein Schwarzer oder ein Indianer genauso göttliche Ähnlichkeit besitzt wie er selbst? Wahrscheinlich nicht. Denn in den Köpfen von Rassisten ist kein Platz für die Anerkennung der Rechte eines anderen Menschen, der anders aussieht als er selbst. Nicht einmal mit den Argumenten der Naturwissenschaften sind solche Ausgrenzer und Fremdenhasser zu überzeugen. Selbst wenn sie vernehmen sollten, dass die Unterschiede in den Genen zwischen schwarzen und gelben, weißen und roten Menschen nur durch winzige Nuancen zu belegen sind, wird sie eine solche Erkenntnis nicht von ihren Feindbildern abbringen können.

· · · · ·

Wo der Glaube schwindet, wächst der Hass. Warum aber gelingt es uns nicht, die Gleichheit der Schöpfung zu erkennen, zu respektieren und zu akzeptieren? Dafür gibt es eine Reihe von Gründen.

Grund Nummer eins: Wir haben – auch als Christen – das Wort Gottes offensichtlich vergessen. Nur wenigen Menschen scheint noch die religiöse und kulturelle Wurzel des Abendlandes in der aus dem Christentum stammenden Botschaft der Liebe zu den Menschen im Bewusstsein geblieben zu sein. Ein Beispiel mag das illustrieren: Es gibt in Deutschland jene fünf Bundesländer, die nach der Wiedervereinigung der Bundesrepublik beigetreten sind – Sachsen, Sachsen-Anhalt, Thüringen, Mecklenburg-Vorpommern und Brandenburg. Gemeinsam ist den Menschen, die in den fünf neuen Bundesländern leben, eine historische Tatsache: Sie haben zwischen 1933 und 1990 siebenundfünfzig Jahre unter wechselnden Diktaturen gelebt, die unter verschiedenen Vorzeichen standen – aber gleichwohl beide die Freiheit des Individuums bekämpften wie die Verbreitung und Pflege des christlichen Glaubens. Das konnte nicht ohne Folge bleiben. Bedingt durch Repressionen, persönliche Nachteile, die Christen in Beruf und Gesellschaft in der DDR erleiden mussten, und die Behinderung christlicher Publizistik verlor sich das Bewusstsein des christlichen Werte-Fundaments in der Gesellschaft Ostdeutschlands mit den Jahrzehnten seit der Staatsgründung immer stärker. Auch nominell gibt es in den östlichen Bundesländern deutlich weniger Mitglieder einer christlichen Konfession als im Westen.

Viele Menschen haben sich gefragt, warum es gerade auf dem Gebiet der ehemaligen DDR die meisten der wüsten Übergriffe auf Flüchtlinge, Migranten und Fremde gibt. Die gern genannte These von der Angst vor dem eigenen sozialen Abstieg scheint mir wissenschaftlich wenig aussagekräftig. Denn der Großteil der Menschen, die sich als aktive Fremdenfeinde betätigen, stammt, wie Untersuchungen zeigen, aus durchaus etabliertem bürgerlichem Milieu und zeigt sich weitgehend frei von akuten Geldsorgen.

Eine weitere Ungereimtheit findet sich in der schieren Zahl der Fremden, die in den neuen Bundesländern Unterkunft fanden. Denn ausgerechnet in jenen Städten und Gemeinden, in denen sich die wenigsten Fremden finden, zeigen sich Hass und Ablehnung oft am brutalsten.

Noch weiter interpretiert: Ist es dann vielleicht schlicht die fehlende globale Erfahrung der ehemaligen DDR-Bürger? Bekanntlich waren Auslandsreisen – außer an die bulgarischen Schwarzmeerküsten, nach Moskau oder in andere sozialistische Bruderländer – für die Menschen dieses Landes nicht erlaubt. Wer kein Weltwissen sammeln darf, wird sich eines zusammenzimmern, und sei es noch so platt. Vorurteile ersetzen dann mangels Erfahrung das Wissen, das erst durch menschliche Begegnung möglich wird. Folge sind Unwissenheit, Misstrauen und – daraus wachsend – Verbitterung und Ablehnung.

Verstärkt wird dieser Mechanismus der Ausgrenzung zudem durch ein Unwissen, das mich als katholischer Priester besonders traurig macht: das weiträumige Unwissen in den Ländern der ehemaligen DDR darüber, welches Geschenk der abendländischen Kultur durch das Gleichheitsgebot in der Botschaft des Christentums gemacht wurde.

· · · · ·

Fehlt der Glaube, fehlt die Menschlichkeit. Die Säulen des menschlichen Miteinanders der abendländischen Kultur beruhen seit dem Mittelalter in der Erkenntnis, dass das Recht des Stärkeren kein starkes Recht sein kann. Werte wie Nächstenliebe, Barmherzigkeit, Freiheit, Gleichheit und Brüderlichkeit, die auch unsere freiheitliche Demokratie bestimmen, wurzeln letztlich in der Erkenntnis, dass Gott alle Menschen gleich geschaffen hat: gleich an Rechten, gleich an Pflichten – vor allem aber gleich an Würde. Der Begriff der Würde fußt zutiefst im Menschenbild des Christentums. Wer das nicht weiß, weiß vielleicht zu wenig über das Christentum und über die Würde, die es jedem einzelnen Menschen zuspricht. Oder vielleicht weiß er auch gar nichts mehr darüber.

Also: Was wäre denn nun, würden wir endlich anerkennen, dass Gott uns Menschen alle gleich erschaffen hat? Das würde bedeuten, Werte wiederzuentdecken. Und das Wissen, dass Menschlichkeit, Toleranz, Brüderlichkeit und Liebe nicht auf den Bäumen wachsen, sondern von den Wurzeln her Ergebnis eines gelebten Glaubens und einer vermittelten Kultur sind, die gepflegt und weitergegeben werden müssen.

· · · · · ·

Die Entfremdung des Menschen vom Menschen. Grund Nummer zwei: Globalisierung, Flexibilisierung, Grenzenlosigkeit. Vor allem die Ideologie der neunziger Jahre hat die Verhaltensweisen der aktiven Generation in westlichen Ländern tief geprägt. Es ging stets nur um eine Richtung: höher, schneller, weiter. Hinzu trat die ideologische Aufforderung zur grenzenlosen Bereicherung als Lebenszweck. »Greed is good!« – »Gier ist gut!«, lautete das Credo der Wall-Street-Generation, symbolisiert durch den Zynismus einer Filmfigur wie Gordon Gecko, dessen Rausch der Bereicherung keine Grenzen mehr kannte.

Die Globalisierung schickte den Menschen der neunziger Jahre auf eine oft erzwungene Wanderung. Doch paradox: Diese Wanderung führte die Menschen nicht mehr und enger zusammen, sondern im Gegenteil weiter auseinander. Die Wanderung der Globalisierung ist 48 keine Entdeckungsreise zum anderen Menschen geworden. Sondern in den meisten Fällen die Einbahnstraße in eine erträumte Selbstverwirklichung – und die endet oft in Einsamkeit. Denn auf dem Weg der Selbstverwirklichung bleibt die Suche nach dem anderen zwangsläufig auf der Strecke. Man kann Menschen ganz nah sein, ohne wirklich von ihnen berührt zu werden. Verrückte Welt also: Je näher ein Mensch mit solchen Intentionen zum anderen gereist war, desto fremder wird dieser. Wanderschaft der Globalisierung, gekennzeichnet durch Nähe ohne wirkliches Kennenlernen: Auch diese Art von Fremdheit, dieses Nicht-Kennen-Lernen-Können, verursacht Angst vor dem anderen.

· · · · ·

Krieg macht aus Gleichen Gegner. Und schließlich Grund Nummer drei für unsere Entfremdung der Gemeinsamkeit der Menschen: die Kriege zwischen den Völkern. Diese sind, fast ohne Ausnahme, keine Rassenkriege, sondern Kriege aus wirtschaftlichen Interessen. Es geht um Geld und Macht. Und oft genug um den finanziellen Reichtum, den eine ethnische Gruppe vermeintlich der anderen voraushatte. Das Gefühl der Unterlegenheit schlägt bei manchen Menschen noch heute in Gewalt um, wenn es nur hinreichend populistisch begründet wird. Und ebenso lebt noch heute der Populismus weltweit bei seinen Anhängern aus dem Gefühl, vermeintlich zu kurz gekommen zu sein.

· · · · ·

Drei Gründe – ein Effekt. Alle diese drei Gründe:
* Erstens – fehlendes Kulturbewusstsein, verbunden mit fehlendem Glauben,

- zweitens – Entwurzelung durch die Globalisierung und schließlich
- drittens – das Gefühl der Unterlegenheit oder Überlegenheit gegenüber dem Fremden, dem anderen,

führen zu einer fatalen Ablehnung und Zurückweisung dessen, was man nicht als gleich anerkennt.

Die Folge daraus: Dann ist das Fremde nicht mehr willkommen. Das Misstrauen wächst. Erst kommt die Angst, dann die Ablehnung. Und schließlich die Gewalt.

Hinzu kommt noch etwas, was alle von uns kennen, wenn wir es nur ehrlich zugeben: Es ist unsere Bequemlichkeit. In unserem kleinen Kreis der Bekannten fühlen wir uns einfach wohler. Denn Bekanntheit bedeutet Sicherheit. Das wussten schon unsere Vorfahren – die Neandertaler. Denn es ist viel bequemer, im bekannten Kreis der Komfortzone sich zu bewegen, als aus dieser Zone des Bekannten und Vertrauten herauszugehen. Wenn wir mit den Fernstehenden verkehren, kommen wir – so die Erfahrung unserer Ur-Vorfahren nahe Düsseldorf – immer wieder zu Auseinandersetzungen, ungewollten Liebesgeschichten, lästigen Neidattacken. Und das wollen wir nicht. Denn das alles bringt Unruhe.

• • • • •

Fremd = gefährlich? Ja, die Indizien verdichten sich: Wir Menschen leben selbst im digitalen Jahrtausend anscheinend immer noch im Neandertal. Diese Beobachtung trifft vor allem auf jene Menschen zu, die vergessen haben, dass es so etwas wie das Christentum gibt. Die Grundlage der Entfremdung, der Entfernung und der Bequemlichkeit, über eigene Positionen nachzudenken, verführt manche Zeitgenossen dazu, vermeintliche Schutzmaßnahmen zu suchen, um den anderen, den Unbekannten, den Fremden fernzuhalten. Mythen dazu gibt es viele: Da wird die vermeintliche Fruchtbarkeit und damit Vermehrungstendenz und somit Gefährlichkeit des Fremden beschrieben und zu einer Bedrohung aufgebauscht und beschworen. Da ist in anderen Wandermythen die Rede vom bösen schwarzen Mann, der das Unheimliche symbolisiert. Da gilt das Fremde als brutal und unberechenbar. Das ist der Beginn der Geschichte des Vorurteils.

Ein Vorurteil ist das Schlimmste, was der Gleichheit des Menschen angetan werden kann. Denn Vorurteile schaffen eine Tradition des Rassismus, die in jeder Generation neu belebt wird. Das Problem dabei: Die Gewohnheit, mit Vorurteilen zu reagieren, hat eine lange evolutionäre Geschichte. Vorurteile liegen im menschlichen Geist, weil sie uns zumindest bedingt helfen können, falsche Entscheidungen zu vermeiden.

Doch vergessen wir eines nicht: Der menschliche Geist ist zu allem fähig, im Guten wie im Bösen. Ein Vor-Urteil mag eine wichtige Erfahrung widerspiegeln – beispielsweise im Umgang mit giftigen Beeren am Busch, die man partout nicht essen sollte. Aber wenn man sich darauf einschwört, unbedingt ein bestimmtes Vorurteil pflegen zu müssen (»Die Juden und die Neger sind unser Unglück«), tun manche Menschen dies offenbar leider mit aller Konsequenz – bis eben zur bitteren Auschwitz-Tirade, die mich auf Postkarten erreichte.

• • • • •

Aus der Ablehnung des Fremden wächst der Populismus. Die Geschichte lehrt uns, wie einfach es ist, mit dem Hass auf das Fremde, auf das vermeintlich Ungleiche, die Instinkte von Gewalt und Vertreibung in Menschen zu mobilisieren. Mich als Gläubigen, Menschen und Priester lassen die traurigen Gestalten wie die der AfD, aber auch manch anderer Gruppierung, die sich die Ausgrenzung auf die Fahnen geschrieben haben, sprachlos zurück. Schau ich in die Fernsehnachrichten, dann sehe ich vor allem zwei Gruppen von Menschen, die unreflektiert einer Fahne hinterhertraben.

Die eine Gruppe besteht aus jungen, finster dreinblickenden, kurz geschorenen stiernackigen Männern, die ihre Intelligenz vergessen zu haben scheinen.

Die zweite Gruppe besteht aus verbittert dreinblickenden alten Männern um die fünfundsechzig, die so aussehen, als hätte man ihnen ihr Spielzeug weggenommen. Subjektiv, diese Beobachtung, gewiss. Aber beide Gruppen haben eines gemeinsam: Die eine Gruppe glaubt, dass man ihr Chancen vorenthalte – die aber aufgrund eigener Geschichte nicht deutlich zu sehen sind. Und die zweite Gruppe meint, eine Macht verteidigen zu müssen, die man ihr als ehemalige Machthaber-Kader im November 1989 – völlig zu Recht – aus der Hand genommen hat.

Beiden Gruppen ist eines gemein: Bitterkeit und Hass. Und die Abwesenheit jener Liebe, von der Menschen christlichen Glaubens wissen, wie man sie fühlt und lebt.

• • • • •

Wir brauchen eine neue Sensibilität. Was folgt aus diesen – zugegeben subjektiven – Beobachtungen für die Idee der Gleichheit? Für den Gedanken, dass wir anerkennen sollten, dass Gott die Menschen gleich geschaffen hat? Meine Antwort auf diese Frage lautet: Wir brauchen eine neue Art der Sensibilisierung für die Gleichheit aller Menschen. Und das in zweifacher Weise.

Zum Ersten muss es eine neue Sensibilisierung durch eine fröhliche Vermittlung dieses Gedankens der Gleichheit in der Kirche und ihren Gemeinden geben.

Und zum Zweiten durch das gelebte Vorbild in Schulen, Vereinen und Gruppen.

Ich weiß, meine Vision mag naiv klingen. Aber es gibt gute Gründe, an dieser Vision zu arbeiten. Denn wenn man die Gleichheit der Menschen nicht immer wieder in jeder nachwachsenden Generation von Neuem anspricht und ihre Bedeutung erklärt, so geht dieser Gedanke irgendwann verloren, zwangsläufig verloren. Werte aber wollen gelebt werden.

In unserer Gesellschaft haben die christlichen Kirchen im letzten halben Jahrhundert massiv an Bedeutung verloren. In vielen, gerade gesellschaftlichen Fragen wie Partnerschaft, Homosexualität, Verhütung, Zulassung geschiedener Wiederverheirateter zu den Sakramenten oder zum Thema Zölibat meiner Überzeugung nach zu Recht. Denn Kirche darf nicht verurteilen, sondern muss heilen, retten und heiligen. Im Zeichen und im Geist der Barmherzigkeit und der Güte Gottes soll Kirche ihren pastoralen Dienst verrichten. Das Bild des guten Hirten soll immer im Vordergrund dieses Dienstes stehen. Die Menschen des 21. Jahrhunderts haben auf ihre Art und Weise darauf reagiert und mit den Füßen abgestimmt: Sie wenden sich zunehmend von einer Institution Kirche ab, die diesen Gleichheitsgrundsatz nicht mehr lebt. Damit aber wendet sich auch die Kirche von der Welt ab. Es gibt durchaus Strömungen in der katholischen Kirche, die es begrüßen würden, die Gläubigen weiterhin als »Herde« zu beaufsichtigen – und die wahre Theologie im Kreis der Erlauchten und Geweihten stattfinden zu lassen. Was für ein fataler Trugschluss!

• • • • •

Es gibt Hoffnung. Papst Franziskus entwirft seit einiger Zeit ein neues Bild, wie Kirche der Zukunft aussehen und leben könnte – und, seien wir aufrichtig zu uns selbst: leben muss. Meine Vision des Glaubens und einer Kirche der Zukunft stützt sich auch auf seine Vision.

Die Sensibilisierung, die wir brauchen, kann nur eine sein, die tatkräftig geschieht. Tatkräftig heißt, Begegnung, Offenheit, Diskussion, Wahrnehmung, Anteilnahme und Wertschätzung wieder in das erstarrte System der Amtskirche einziehen zu lassen. Wir alle müssen die Nähe der Verschiedenheit ertragen lernen, um uns auf das Gemeinsame zu besinnen – und uns nicht länger voreinander abzuschotten. Wir müssen die Ghettos unserer Vorurteile aufbrechen. Wir müssen erkennen, dass nur die Nähe es uns ermöglicht, dem anderen nahezukommen

Wenn wir als Kirche dieses Prinzip der gelebten Anteilnahme, der verwirklichten Empathie glaubwürdig genug leben und vorleben, werden wir es auch anderen Menschen bewusst machen können. Ein solches

Bewusstsein wird uns helfen, uns nicht länger hinter unseren Ängsten und Vorurteilen zu verstecken. Sondern das christliche Gebot der Nächstenliebe genauso zu verwirklichen, wie den Verfassungsgrundsatz des Artikels 1 unseres Grundgesetzes lebendig zu machen: »Die Würde des Menschen ist unantastbar.« *(Verfassung der BRD, Art. 1)*

Ich mache mir keine Illusionen. Dies ist ein langer Prozess. Aber wir müssen ihn einleiten, wenn wir als Gesellschaft und als Kirche nicht untergehen wollen.

Wir müssen ihn vor allem für jene Menschen einleiten, die immer schon als die Abgehängten und Benachteiligten der Gesellschaft gegolten haben. Für die Langsameren und Schwächeren. Für diejenigen, die keine Förderung von zu Hause erhalten, die keine Liebe erfahren haben. Und für die Menschen aus anderen Kulturen, denen es doppelt schwer fällt, sich in unserem komplizierten Land Deutschland zurechtzufinden.

Wir müssen den Prozess für jene Menschen beginnen, die nicht wissen, wie wichtig unsere Werte wirklich sind: Freiheit. Gleichheit. Brüderlichkeit. Würde. Demokratie. Gewaltenteilung. Die Abwesenheit von Willkür und Gewalt. Und das Leben als der höchste Wert.

Bleibt die Frage: Tun wir das in unserer Gesellschaft, in Staat und Kirche denn schon genügend? Meine Antwort lautet: Nein.

Nur: Wenn etwa in unseren Schulen keine Aufklärung geschieht und das ganze Thema in der Kirche fast immer noch fein säuberlich ausgeklammert wird, dann wird sich auch nichts zum Besseren wenden. Im Gegenteil.

KAPITEL 3

WAS, WENN DIE KIRCHE WIEDER ARM WÄRE?

Als Kind kannte ich das Wort nicht: Armut. Wir hatten genug und gut zu essen, weil mein Vater Jäger und Fischer war und meine Mutter auf dem Feld arbeitete. Unsere Familie wurde stets satt und konnte sich gesund von den Früchten der Felder, des Waldes und des Flusses ernähren. Erst später, als ich zur Schule ging, fiel mir zum ersten Male auf, dass wir nicht genügend Geld hatten.

Auch in unserem Dorf, in dem ich aufwuchs, war das Wort »Armut« nicht präsent – zumindest nicht in der Bedeutung von Geldarmut oder materieller Not. Dennoch gab es arme Menschen im Dorf, die als solche auch von der Gemeinschaft bemitleidet wurden: Die Armen in unserem Dorf, das waren die Einsamen ohne Partner oder Familie, diejenigen, die ungewollt kinderlos blieben – und zudem diejenigen, die sich als sozial nicht sonderlich verträglich erwiesen: wunderliche Menschen, die Verhaltensauffälligkeiten zeigten und denen man deswegen gern mal aus dem Weg ging. Das waren bei uns im Dorf die wirklich armen Menschen.

Die Entwicklung hin zu einem bescheidenen Wohlstand habe ich in meiner Kinder- und Jugendzeit noch in meinem Dorf erleben können. Angefangen hatten meine Eltern mit einer Papyrushütte. Papyrus war der billigste Baustoff, den man nutzen konnte. Und so bauten mein Vater und meine Mutter sich als erste Unterkunft eine Hütte aus diesem Natur-Baustoff, den man sich nur am nah gelegenen Fluss mit einer Machete schlagen musste. Dann konnte mein Vater etwas von seinen Fischfängen verkaufen – das brachte etwas Bargeld in unser Leben. Mit Hilfe dieses Bargeldes konnte mein Vater das nächste Bauprojekt in Angriff nehmen – eine Hütte aus Bambus gedeckt mit Palmenblättern. Bambusstämme musste man nageln, damit sie hielten. Diese Nägel musste man kaufen – so viel Geld hatte mein Vater dann. Die Hütte hatte später sogar richtige Türen mit Schlössern. Als wir diese Hütte bezogen, erlangte meine Familie so etwas wie einen höheren Status im Dorf. Danach stieg dieser Status sogar noch – als mein Vater ein Fahrrad kaufte. Ein solches Beförderungsmittel galt als besonderer Luxus: Das war eine Besonderheit.

Als ich älter wurde, ist mir das Wort Armut dann vertrauter geworden. Meine Eltern mussten Schulgeld bezahlen, damit wir in die Schule gehen konnten. Das war ihnen aber so wichtig, dass sie sich dafür sogar verschuldeten. Mein Vater musste sich das Geld ausleihen. Das geschah bei einem Schneider aus unserem Dorf. Der hatte mehr Bargeld als die meisten anderen, denn er nähte die Hosen und Gewänder für die anderen Bewohner. Er hatte mehr Geld als mein Vater – und gewährte ihm bereitwillig den Kredit, damit seine Kinder in die Schule gehen konnten. Genauso, wie er uns das Geld geliehen hat, hat mein Vater es ihm in kleinen Raten zurückgezahlt. Die Besonderheit: Es gab bei uns im Dorf keine Zinsen, denn es gab keine marktwirtschaftlich begründeten Beziehungen – und dementsprechend auch keine Zinsen. Eine Art brüderliche Teilung war das Lebensprinzip in unserem Dorf, vielleicht so etwas wie ein Ur-Christentum. Man erwarb sich keinen Vorteil, indem man Geld verlieh. Es ging nur darum: Einer von uns braucht jetzt gerade Geld für einen sinnvollen Zweck. Er bekommt das von einem anderen, der gerade **59** dieses Geld hat. Und dieser zahlt auch nur diese Summe zurück.

• • • • •

»Selig, die arm sind vor Gott, denn ihnen gehört das Himmelreich.« *(Matthäus 5,3)* Dieser Lobpreis gilt nicht nur für die einzelnen Menschen oder Christen, sondern sie gilt genauso für die Kirche Jesu Christi insgesamt als die Institution, die er selbst gegründet hat. Die Kirche als Gemeinschaft der Gläubigen einerseits und als eine hierarchisch und geschwisterlich strukturierte Institution andererseits hat eine besondere Aufgabe: nämlich die Verkündigung des Wortes Gottes, damit die Menschen ins Himmelreich gelangen können. Diese Institution sollte, wie Jesus sich das wohl vorstellte, wie eine Braut sein, die schön, freudebringend, hoffnungsstrahlend zu ihrem Bräutigam hin voranschreitet – zusammen mit einer Schar von Menschen, die genauso gestimmt sein sollten.

• • • • •

Wie passt da nun die Armut hinein? Hier gilt es, erst einmal ein Missverständnis auszuräumen: Mit der Armut hat Jesus gar nicht zuerst an das Geld gedacht, sondern an eine bestimmte Haltung des gläubigen Menschen vor Gott. Welche Haltung ist damit gemeint? Anders, als viele Interpretatoren der Bibel meinten, nicht in erster Linie die Armut an Mitteln und Geld. Denn eine bettelnde Kirche wollte Jesus nicht, genauso wenig wie eine in Gold schwimmende Kirche. Ich bin der Überzeugung, er wollte nicht einmal eine Kirche mit vergoldeten oder in Gold gebauten Gotteshäusern.

Das, auf was bei Jesus die Armut verweist, ist nicht in erster Linie materiell gemeint. Sondern ein geistiger Anspruch: Jesus wünschte sich eine Kirche, die tadellos vor Gott ist. Also bedeutet diese Armut in erster Linie eine bestimmte Verhaltensweise der Kirche und der Christen:

- Arm vor Gott zu treten heißt demnach, nicht schon voll von sich selbst und seinem eigenen Ego sein, so dass man als Mensch Gott gar nicht mehr brauchen würde.
- Arm vor Gott heißt, offen für ihn zu sein und für das Erlebnis des Glaubens, einen Platz für ihn im Herzen zu haben, also: sich auf Gott einlassen zu können.
- Arm vor Gott als Christ zu treten heißt, zu wissen, in welcher Beziehung man als Mensch zu Gott steht: Er ist der Schöpfer, er ist ein Vater, er ist eine Mutter, er ist ein guter Freund, eine gute Freundin. Von ihm kommt alles Gute in meinem Leben. *(Judith 5, 1a; 9,5-6)*

Um diese Armut zu wissen heißt: den ganzen Tag in Beziehung zum Glauben zu bleiben und seine Ausübung nicht bloß auf Riten und Gottesdienstbesuche zu beschränken. Es kommt für einen lebendigen Christen vorrangig nicht darauf an, ständig in die Messe zu gehen oder in der Kirche zu bleiben – sondern bewusst in Beziehung zum Glauben zu leben. Nicht jeder, der zu mir sagt: Herr! Herr!, wird in das Himmelreich kommen, sondern nur, wer den Willen meines Vaters im Himmel erfüllt. *(Matthäus 7,21)*

An Gott in Kopf und Herz denken. Dieses Grundverständnis einer Demut vor Gott führt zu einer Haltung des unaufgeregten, ständigen Dialogs zwischen Mensch und Gott. Das kann in der Form von Stoßgebeten geschehen, wenn uns etwas Unangenehmes droht. Das kann im stillen Zwiegespräch sein, um Ängste abzuwenden oder um neuen Mut in schwierigen Zeiten zu finden, jubelnd im Gefühl der Sicherheit und Freude, von ihm umgeben oder im Bewusstsein niemals allein zu sein.

Arm vor Gott sein heißt also, in einer Atmosphäre zu leben, die uns hilfreich umhüllt. Das heißt im Gegenzug aber auch, dass wir uns als Christen nicht von Gott unabhängig erklären oder losmachen sollten.

Arm vor Gott zu sein – das sollte das ganze Leben der Kirche und der Christen umfangen. Sollte. Doch die Realität sieht an vielen Stellen anders aus. Hand aufs Herz? Wie viele von uns leben – auch in den Ämtern der Kirche – so, als ob es keinen Gott gäbe? Wer hat nicht schon einmal auch als Christ die Erfahrung von Bigotterie, Heuchelei und Hochmut auch innerhalb der Gemeinde erlebt? Wer kennt nicht jenen eifrigen Kirchgänger, der im Sonntagsgottesdienst am lautesten singt, das Haupt am tiefsten vor dem Kreuz beugt – um dann am nächsten Morgen, zurück im Geschäftsleben, skrupellos seine Mitarbeiter anzuschnauzen oder seine Kunden über den Tisch zu ziehen. Der Mensch ist nun einmal fehlbar.

• • • • •

Arm vor Gott sein bedeutet, stets als Christ zu leben. Eine große Forderung, gewiss. Denn sie verlangt vom gläubigen Menschen zudem, dass er nie sein Christ-

Sein ablegen soll, etwa nach dem Ende der Sonntags-
messe, wenn er sowohl die Predigt des Priesters als
auch das ausgelegte Wort Gottes und die erlebte Gemeinschaft und Gemeinsamkeit in der Kirche hinter
sich lässt. Wir Christen sollten uns wieder bewusst
machen: Das Christ-Sein besteht eben nicht aus dem
sturen Befolgen eines Ritus, aus dem Auswendiglern-
nen der Bibelworte und dem Vollzug systematisch zu
befolgender Gesetze.

Nein, es bedeutet mehr: Christ-Sein bedeutet ein
Leben nach jenen Prinzipien, die Jesus uns gelehrt hat,
ohne die unsere Welt weder lebenswert wäre – noch
im Sinn unseres Glaubens erlöst werden könnte. Wir
können unsere Welt und die Schöpfung nicht retten
ohne Werte. Wenn uns das nicht wieder bewusst wird,
dann leben wir ohne Werte – und damit ohne Gott.
Dann gilt das, was der große russische Erzähler *Fjodor M.
Dostojewski* vor einhundertfünfzig Jahren geschrieben
hat: »Wenn es keinen Gott gibt, ist alles erlaubt.«

Dann bricht die Hölle aus in der Welt der Menschen, die sich gegenseitig beherrschen wollen und
werden nach dem Prinzip des Rechts des Stärkeren.
Ein Leben ohne Werte ist wertlos. Wenn es keine Werte
mehr geben sollte, herrscht Zynismus. Dann gilt der
Satz: »Die Hölle, das sind die anderen«, den der Exis-
tenzialist *Jean-Paul Sartre* in seinem Stück »Geschlos-
sene Gesellschaft« formulierte. Ein Blick in die aktuelle
Politik und das Weltgeschehen genügt, um diese Pro-
phezeiung realitätsnah erscheinen zu lassen.

Die Seligpreisungen der Bergpredigt wollen uns
vor Willkür schützen. Und besonders die Seligpreisung
der Armut vor Gott legt diesen Gedanken eindeutig **63**

aus. Warum aber ist unsere Welt trotz des Einflusses von zweitausend Jahren Christentum immer noch so weit von Gott entfernt? Die Art und Weise, wie wir leben, weist uns jeden Tag von Neuem darauf hin, wie das Leben aussähe – wenn es keinen Gott gäbe. Nicht nach Prinzipien des Christentums, sondern nach menschlichen Prinzipien wird die Welt regiert. Und leider oft genug auch von der Kirche verwaltet.

· · · · ·

Tut unsere Kirche wirklich genug? Meine Vision der Kirche der Zukunft stellt sich diese Frage. Und meine Antwort lautet: So wie wir Kirche heute leben, strahlt sie nur noch wenig vom Glanz einer Verbindung mit Gott aus. Es fehlt, wie ich es auch in meiner Seelsorge immer wieder erfahre, vielen Gläubigen in der Kirche der Gegenwart das Bewusstsein, mit Gott wirklich in Kontakt treten zu können. Es fehlt ihnen das Gefühl, im tiefsten Sinn Christ zu sein und dieses Christ-Sein leben zu können. Die Symptome solcher Gottesferne: Priester, die lustlos und uninspiriert die Messe lesen. Fehlende Anteilnahme unter den Mitgliedern der Gemeinde. Unbarmherzigkeit von Würdenträgern denjenigen gegenüber, die nach dem Raster der kirchlichen Dogmatik angeblich gefehlt haben.

Beispiele für solche Entfernungen und Entfremdungen finden sich auch in der Politik: Christliche Politiker legen mittlerweile ihre Bindung an ihr Bekenntnis ab, wenn sie öffentlich politische und gesellschaftliche Fragen ansprechen. So wünschen zum Beispiel nur sehr wenige dieser Politiker den Menschen zu Weihnachten in ihren Reden eine »gesegnete Weihnacht«!

Warum tun sie das eigentlich nicht? Fürchten sie, sie würden das Prinzip der Trennung zwischen Kirche und Staat verletzen, wenn sie diesen Wunsch ihren Zuhörern mitgeben? Um es gleich klarzustellen: Es ist nicht so. Denn bei einem solchen Wunsch handelt es sich um ein persönliches Zeugnis dafür, dass man Christ ist – um nicht mehr und nicht weniger. Mit einem solchen persönlichen Zeugnis höhlt kein Politiker das Grundgesetz aus!

Hingegen gilt: Wenn man Christ ist und Politik betreibt, dann sollte man seine Tätigkeit im Geist des christlichen Wertekanons ausüben. Das täte allen Menschen in unserer Gesellschaft – ob Christ, Jude, Muslim, Buddhist oder Atheist – gut. Denn sie alle würden von dem Gebot der Liebe und Nächstenliebe profitieren.

• • • • •

Wie arm muss die Institution Kirche sein? Die Medien witterten treffsicher den Skandal – und es war auch einer: Die Rede ist von der Verschwendung von Geldern beim Umbau der Limburger Bischofs-Residenz. Diese war auf Anordnung des damals amtierenden Bischofs mehrfach so edel umgeplant und umgebaut worden, dass sie zu einem Millionengrab wurde. Das Ganze fand zudem statt aus Mitteln der Kirchensteuern. Der Aufschrei unter den Gläubigen und Nicht-Gläubigen war so groß, dass der Papst den Bischof erst beurlaubte und dann in eine neue Tätigkeit versetzte, um ihn aus der Schusslinie des öffentlichen Interesses zu bringen.

Der Streit um die Reichtümer der Kirche ist so alt wie die Kirche selbst. Die berühmte »Konstantinische

Schenkung«, eine Fälschung, auf der die Kirche jahrhundertelang weltliche und territoriale Ansprüche gründete, ist nur eine der Episoden in der Frage von Reichtum und Armut der Kirche.

Vielen Menschen ist der offen zur Schau getragene Reichtum der Kirche ein Dorn im Auge. Doch der Reichtum der Kirche ist kein Selbstzweck. Der Reichtum der Kirche dürfte eigentlich nur ein Instrument sein – dafür, Werke der Liebe, der Barmherzigkeit und der Nächstenliebe zu ermöglichen.

In meiner Vision einer Kirche von morgen wird Reichtum und Prunk nicht zur Schau gestellt, sondern klug benutzt. Wenn etwas zur Schau gestellt wird, dann wären das zukünftig nur drei Dinge: Kelch, Monstranz und Altar. Denn mit diesen drei Dingen ist Heiliges verbunden. Dort, wo man das Abendmahl hält, geschieht etwas Außergewöhnliches: Die Größe Gottes wird offenbar. Hier sind Würde und Heiligkeit überragend sichtbar. Und hier darf und soll die Achtung gezeigt werden.

Ich stelle kritisch fest: Wir brauchen keine Kirche mit Gold und Edelsteinen, nein, gewiss nicht. Gott wohnt ja nicht in einer Kirche *(Jesaja 66,1)*. Aber bitte bedenken wir: Eine nur bettelnde Kirche, die sich in Sack und Asche kleidet, strahlt wiederum auch nicht die Würde Gottes aus vor der Welt.

Ja, die Kirche darf und muss einen gewissen Reichtum besitzen, um als solche würdig zu leben. Was für die einzelnen Menschen als Menschenrecht gilt, sollte auch für die Kirche gelten. Genügend Geld zum Leben für die Mitglieder und genügend Geld für die Werke der Nächstenliebe zu besitzen, zu denen alle Christen verpflichtet sind: »Ich war hungrig, und ihr habt mir zu essen gegeben ...«, hat Jesus gesagt (*Matthäus 25,35*). Zu Recht.

Bleibt die Frage: Warum sind dann in der Kirche die so genannten bettelnden Orden entstanden? Der Grund dafür scheint mir in einem Missverständnis begründet: Dies fußt auf einer falsch verstandenen Äußerung im Neuen Testament.

Einst kam ein junger, reicher Mann zu Jesus. Er befragte Jesus, was er tun solle, um würdig für das Himmelreich zu werden. Jesus sagte zu ihm: »Wenn du vollkommen sein willst, geh, verkaufe deinen Besitz und gib das Geld den Armen, so wirst du einen bleibenden Schatz im Himmel haben, dann folge mir nach!« (*Matthäus 19,21*)

Die Jünger Jesu waren, wie uns die Überlieferung zeigt, finanziell ohne Probleme. In Jesu Nachfolge hat kein Apostel gehungert oder von Bettelei gelebt. Das Loslassen des Materiellen ist für Jesus keine Vorbedingung für den Glauben oder die Glückseligkeit. Eine Armutsforderung ist, so zeigt die Überlieferung, eine Verhaltensanregung an Einzelne gewesen, um vollkommen zu werden – das heißt Zeichen des Himmelreichs in dieser Welt (*Matthäus 23,30*). Aber anders als die Rolle der Entsagung vom Materiellen, wie sie andere Religionen kennen, ist Armut keine unbedingte Voraussetzung, um das Himmelreich zu erreichen. Für Jesus und seine Botschaft genügen zwei Prinzipien: die Liebe und die Nächstenliebe.

· · · · ·

Es geht nicht um Geld, sondern um Gott. Die Beschäftigung mit dem Text des Neuen Testaments und seiner Auslegung zeigt: Bei Jesus ging es zunächst nicht um Geld, sondern um die Grundlagen des Verhältnisses zwischen Gott und Mensch. Präziser gesagt: Es geht darum, wie sich die Menschen gegenüber Gott und ihren Brüdern und Schwestern verhalten. Eine solche Offenheit gegenüber Gott und den anderen Menschen nicht zu haben, würde in der Interpretation der Bibel echte Armut bedeuten. Reichtum hingegen würde sich zeigen in einer zuwendenden Lebensweise zu Gott und den anderen Menschen hin.

Die Frage von Geld und Gut wird bei einer solchen Betrachtung zweitrangig. Kirche soll nicht in Armut versinken. Sie braucht für ihre guten Werke Geld. Das soll sie gerne haben. Eine zu einfache Armutsforderung ist eine Missinterpretation, eine Fehldeutung. Denn Jesus sagt nicht: Wenn ihr euer Geld weggebt und in Sack und Asche geht, seid ihr heilig.

Die Kirche darf und muss Geld haben. Aber das darf nicht Reichtum und Prunk um des Prunks willen sein. Nein: Dieser Reichtum soll ein Mittel sein, Menschen zu helfen. Doch mit materieller Hilfe allein ist nur ein Teil des Weges geschafft. Wir müssen den Menschen in einem zweiten Schritt viel tiefgreifender helfen – indem wir sie zur Liebe führen.

Die Menschen haben immer schon gern die Worte der Bibel wortwörtlich genommen – statt über ihre Botschaften nachzudenken und diese wirklich nachzuvollziehen. Meine Vision der Kirche von morgen sagt: Über die Aussagen der Bibel darf man getrost nachdenken.

Wenn man die Seligpreisung der Armut heute klarer formulieren würde, dann würde man vielleicht sagen: »Selig die, die Gott gegenüber offen sind, denn aus dieser Offenheit werden sie auch den anderen Menschen gegenüber offen sein und so in Gott vollendet werden!«

Ein anschauliches Beispiel zum Missverständnis der Bibel ist die Schilderung des Buches Genesis über die Erschaffung der Welt. Wer hier den Fehler macht, das überlieferte Wort für bare Münze zu nehmen, wird in seinem Weltbild kläglich scheitern. Denn die Welt wurde eben nicht in sieben Tagen geschaffen.

Diese Zeitspanne, so zeigt uns die historisch fundierte Bibelauslegung, heißt in der Sprache der Bibel nichts anderes als: Die Welt wurde in einer »genügenden Zeit«, in »der richtigen Zeit«, in »der Zeit, in der etwas Vollendetes gelungen ist«, geschaffen. Dazu reichen Grundkenntnisse in der Zahlenmystik. Die Zahl Sieben steht hier eben nicht für eine konkrete Zahl von Tagen – sondern für das Beispiel eines vollendeten Prozesses. Es ist eine Symbolzahl, nichts anderes. Gläubige Menschen würden es sich zu einfach machen, übersetzten sie ein solches Symbol eins zu eins.

Gleiches trifft auf die Interpretation der Armut zu: Aus der Fehlinterpretation der Bibelworte entstanden ja ganze Bewegungen wie die der Bettelorden – etwa der Franziskaner. Aber auch hier blieb auf Dauer die Armut abstrakt. Denn auch diese Bettelorden haben angefangen, etwas aufzubauen, damit sie eine materielle Basis bekamen. Ihre schlaue Lösung lautete: Das Geld erhielt der Orden – und der Orden versorgte den Einzelnen.

Die innere Verfassung zählt. Ausschlaggebend ist für die Kirche Jesu die innere Verfassung des Menschen, seine Haltung. Das sieht man eindeutig im zuvor schon einmal kurz angesprochenen Gleichnis des reichen Jünglings, der Jesus bedrängt mit seiner Frage, wie er richtig handeln solle. Der junge Mann befragte Jesus immer wieder, immer drängender, was er tun solle, um ins Himmelreich zu gelangen. Jesus antwortete ihm: »Du kennst doch die Gebote Gottes. Befolge sie. Und dann steht dir das Himmelreich offen!« *(Matthäus 19,17)*

Doch diese Auskunft reichte dem jungen Mann nicht. Er bohrte nach und sagte: »Das habe ich alles schon getan!« Erst dann sagte Jesus: »Wenn du vollkommen sein willst, dann geh nach Hause, verteile all dein Geld unter den Armen – und komm zu mir und folge mir nach!«

Tue dem anderen nichts Böses – schon steht das Himmelreich dir offen. Ob du viel Geld hast oder nicht, das ist nicht ausschlaggebend. Ausschlaggebend ist der Ruf des Glaubens an uns. Dieser lautet: Folge Jesus nach. Und das heißt: der Liebe und der Friedfertigkeit nach zu leben.

Die Bergpredigt nennt uns in Jesu Worten die drei wichtigen Dinge: Glaube, Liebe, Hoffnung. »Doch die Liebe«, so Jesus weiter, »ist das Wichtigste unter den dreien.« *(Matthäus 5,7)* Meine Vision einer Kirche von morgen stützt sich auf diese Einsicht. Denn eines Tages werden wir den Glauben gar nicht mehr brauchen – denn irgendwann werden wir in der Liebe leben. Spätestens dann, wenn wir Gott gegenüberstehen.

Gerade zu diesem Zweck ist Jesus zu uns gekommen. Und hat uns ein Beispiel gegeben von dieser ganz konkreten Liebe, von der Lebensweise in der Liebe. Die Liebe ist der Reichtum, den er uns gebracht hat.

· · · · ·

Nicht Bilder malen, sondern Geschichten erzählen. Nein, meine Überzeugung ist: Die Kirche von morgen wird nicht mehr prunkvoll auftreten. Sondern durch Taten überzeugen. In den Zehn Geboten steht: Du sollst dir kein Bildnis machen *(Exodus 20,4)*. Die Kirche versuchte einst, vor allem im Zeitalter des Barock, mit Hilfe der gemalten Geschichte an den Kirchenwänden und -decken, mit Hilfe der »biblia pauperum«, überbordenden Bildern, die Gläubigen zu belehren und zu erziehen. Jesus aber hat seinen Jüngern den Auftrag gegeben, den Menschen von ihm zu erzählen – und nicht prunkvolle Bilder zu zeichnen. Ein gutes Beispiel dafür sind die Psalmen. Man muss sie vorlesen. Dann versteht man erst richtig, welch großartige Aussagen für uns Gläubige darin stecken.

Also: Lasst uns voll Demut glauben. Lasst uns Gott arm gegenübertreten, damit wir seinen Reichtum über die Liebe erfahren. Und lasst uns die Liebe nicht nur beschwören, sondern auch leben.

Was wir dabei nicht vergessen dürfen: Die Verkündigung der Botschaft Gottes gilt der ganzen Welt. Auch den Geschöpfen, die uns nicht verstehen. Wir sollten aber gerade mit jenen Geschöpfen Beziehung pflegen, von denen wir das auf den ersten Blick gar nicht annehmen. Doch es ist nicht etwa nur der englische Prinz Charles, der zu den Pflanzen spricht – viele andere Menschen tun das auch. Dahinter lebt ein wichtiger Gedanke: der der Achtung und Wertschätzung gegenüber der Schöpfung. Er lautet: Wenn ich als Mensch nicht nur zu den Menschen und den Tieren, sondern auch zu Blumen und Bäumen gut bin, dann bin ich gütig: Denn ich lebe dann die Liebe zur Schöpfung in und mit ihnen. Viele Menschen machen die Erfahrung: Widme einem Geschöpf deine Aufmerksamkeit, Zuneigung und Liebe. Dann wirst du feststellen: Es wird wachsen und gedeihen – auch wenn dies Geschöpf eine Pflanze ist.

• • • • •

»Können Bäume denken?« Diese Frage hat sich nicht, wie man vielleicht auf den ersten Blick erwarten könnte, ein esoterisch begabter Mystiker gestellt. Ganz im Gegenteil. Dieser Satz ist die Titelzeile eines Forschungsberichts in einer Ausgabe des Wissenschaftsmagazins »Faszination Forschung«, das vor einigen Jahren über die Erkenntnisse von Wissenschaftlern der Technischen Universität München berichtete. Biologen, Forstwissenschaftler, Neuroforscher – alle fanden zusammen, um in einem groß angelegten Feldversuch über Jahre hinweg das Leben der Bäume, ihr Verhalten zueinander, ja auch ihre Kommunikation zu untersuchen. Die Ergebnisse dieses Großversuchs, der in einem abgezäunten Waldstück nordöstlich von München stattfand, waren verblüffend: Bestand der Wald bis dahin in den Augen der meisten Menschen aus einer Menge Holz, aus denen man Schränke, Streichhölzer oder Dachbalken herstellen konnte, entpuppte sich das komplexe Innenleben des Waldes als gesellschaftlicher Organismus. Bäume tauschen nicht nur Informationen aus, sie wissen, wie es dem anderen Baum geht, betreiben gezielte Nachwuchspflege und unterstützen sogar verletzte oder kranke Kameraden. Bäume scheinen Nächstenliebe zu kennen – und auszuüben.

Das sollte, zusätzlich zu aller uns ohnehin innewohnenden Naturseligkeit und allem Schwärmen von Waldeinsamkeit und Tannenromantik, ein weiterer Grund für uns Menschen sein, auch die Pflanzen der Schöpfung rings um uns her in die liebende Fürsorge unseres christlichen Denkens einzubinden.

Denn wenn die Liebe so umfassend verankert ist, dass die Liebe Gottes überall in seine Schöpfung eingepflanzt worden ist, dann ist sie im besten Sinn umfassend, weltumspannend. Und wenn die Natur sich so verhält, dass sogar Pflanzen sich gegenseitig unterstützen, dann wäre dies ein Beweis mehr für die Allgemeingültigkeit der Nächstenliebe als elementarer Bestandteil der Natur.

Die Folge daraus ist für mich ein Appell. Er lautet: Tut Gutes! Bleibt nicht dabei stehen, nur Almosen zu geben. Nein: Schenkt Achtung, Aufmerksamkeit, Liebe und Nächstenliebe. Damit die Liebe alles durchdringt – und so die Welt Stück für Stück besser machen kann.

Wir dürfen weder Mensch noch Tier noch Baum als Gegner behandeln. Sondern sollen sie schonen, behüten und achten. Denn wenn wir so handeln, handeln wir nicht nur gut und weise. Sondern es kommt uns auch wieder selbst zugute.

KAPITEL 4

WAS, WENN DIE KIRCHE SICH SELBST LIEBEN WÜRDE?

In meiner Kindheit habe ich viel Liebe erfahren: die Liebe meiner Mutter, die Liebe meines Vaters, die meiner Geschwister, Großeltern, Onkel und Tanten, Nichten und Neffen. Wir hatten eine große Familie! Allein mein älterer Bruder kommt auf die stolze Zahl von einundzwanzig Kindern – das ist der afrikanischen Tradition und der Mentalität geschuldet, dass Kinder nicht nur Glück, Freude und Leben im Hause bedeuten, sondern auch die Altersversorgung für die Eltern garantieren.

Die Liebe, die ich erfuhr, war in mehrfacher Hinsicht besonders. Zum einen dadurch, dass meine Mutter mich als zweiten Sohn viel länger bei sich behielt, als das üblicherweise im Dorf geschah. Normal war bei uns, dass die Jungen im Alter von sechs Jahren zum Vater gingen und ihn bei seiner Arbeit – in unserem Fall beim Fischen und Jagen – unterstützten. Der Vorteil dabei war, dass sie an der Seite des Vaters die nötigen Fertigkeiten erwarben, die man brauchte, um später auch eine Familie zu ernähren. Da aber mein Vater schon genug Hilfe in seinem Broterwerb hatte, blieb ich auf Bitten meiner Mutter an ihrer Seite, als ich dieses Alter erreicht hatte – und lernte so viele Dinge, die für einen afrikanischen Jungen ungewöhnlich sind.

Ich lernte Ackerbau und Speisezubereitung, ich lernte, den Boden zu bearbeiten und zu pflegen und aus den Erträgen des Feldes heraus etwas Leckeres zuzubereiten. Noch heute koche ich gern – und wie meine Besucher, die ich bewirten darf, mir versichern, ausgesprochen schmackhaft: Das ist in meiner Generation und in den Augen meiner Stammesgenossen durchaus keine Selbstverständlichkeit!

Die Liebe geht nicht nur durch den Magen. Sondern wächst durch die Nähe. Ich hatte als Junge also das Privileg, viel länger viel näher an den weiblichen Seiten des Lebensalltags teilnehmen zu dürfen als andere Jungen in meinem Alter – und ich halte dieses Privileg heute noch für einen Vorteil. Denn die weibliche Seite unseres Daseins fördert oft mehr als die männliche Tradition die Fähigkeit zur Sorge, zur Fürsorge, zur Empathie, zum Mitfühlen und Mitleiden – und damit schlicht die Fähigkeit zur Liebe.

Meine Mutter ist seit vielen Jahren tot. Doch noch heute bin ich für jene Jahre an ihrer Seite dankbar, die mir das Schicksal geschenkt hat. Diese Jahre haben mich unendlich Kostbares gelehrt.

- Zum Beispiel die *Geduld* – einem Samenkorn beim Keimen, Sprießen und der aus ihr erwachsenden Pflanze beim Reifen zuzusehen. So lange, bis wir mit Freude und Dankbarkeit eine reife Frucht ernten konnten, die zu unserer Nahrung beitrug.

- Zum Beispiel die *Langmut* – Aggression und Unbotmäßigkeit nicht mit Aufwallung und noch mehr Aggressivität zu begegnen, sondern mit Nachsicht und Verzeihung.

- Zum Beispiel das *Lachen* über vermeintlich Schlimmes, das manch anderen in unserem Dorf in die Verzweiflung getrieben hätte, aber meine Mutter mit ihrem stetig präsenten Humor dazu brachte, auch die komischen Seiten der kleinen Alltags-Katastrophen zu sehen.

- Zum Beispiel die *Hoffnung*, die sie stets in sich trug. Eine Hoffnung, die im besten Sinne des Wortes christlich war und sie bis zu ihrem Tode nicht verließ.

- Und schließlich, ganz wichtig: ihre *Liebe* – zu den Menschen, den Tieren, den Pflanzen und der Natur. Eine Mischung aus Ehrfurcht und Fürsorge war das, die Tiefe und Vertrauen verband. Diese Liebe war es, die meine Mutter mir auf meinem Lebensweg vor allem mitgegeben hat.

• • • • •

Das Gebot der Liebe. In meiner Berufung als Mensch, als Christ und als Priester spielt die Berufung auf die Liebe eine besondere Rolle. Hat nicht Jesus selbst uns gesagt: »Liebe deinen Nächsten wie dich selbst«? *(Matthäus 22,39)* Diese Aufforderung Jesu bedeutet, dass jeder Mensch sich selbst lieben lernen sollte, damit er fähig wird, auch den anderen Menschen zu lieben. Als Theologe und psychologisch geschulter Priester weiß ich aus vielen Jahren Seelsorge und Gesprächen: Vielen Mensch fällt es sehr schwer zu lieben. Denn dazu muss ich mich ja erst einmal selbst lieben. Das aber gelingt Menschen oft nicht. Eigentlich eine erstaunliche Feststellung. Aber sie trifft zu. Und dafür gibt es nach meiner Erfahrung vor allem drei Gründe.

• • • • •

Der erste Grund, warum wir uns nicht lieben: Wir Menschen der Moderne sind zu zerstreut. Wir schaffen es nicht mehr, uns zu konzentrieren. Wir schaffen es nicht mehr, unseren Blick auf das Wesentliche zu richten. Doch zur Liebe gehört die Konzentration. Die Menge der Informationen, die Flut der Medienangebote, die Fülle der Nachrichten, Bilder, Filme und Inhalte, die uns überrollt, machen es uns unmöglich, noch das Wichtige und das Richtige wirklich wahrzunehmen, zu lesen, zu sehen oder zu hören.

»We are overnewsed but underinformed!«, stellte vor drei Jahrzehnten der amerikanische Medienforscher *Neil Postman* angesichts überbordender Informationsangebote fest. Diese würden dazu führen, dass die Aufnahme-Kanäle des Menschen und seine Verarbeitungsfähigkeit rational wie emotional verstopfen – und damit unbrauchbar würden. Eine mögliche Folge: Der Mensch der Moderne fühlt sich mittlerweile nicht mehr als ein lebendiges Wesen, das bewusst aus eigener Kraft sein Leben gestalten kann. Sondern eher wie ein Getriebener, der von Angebot zu Angebot hüpft – und verzweifelt versucht, mit allen diesen Angeboten noch irgendwie zurechtzukommen.

Das hat Folgen – für unser Verhältnis zu uns selbst genauso wie zum nächsten Menschen, der uns gegenübersteht. Wenn das Leben des Menschen von heute zunehmend aus zerstreuten Einzelhäppchen besteht, bleibt keine Zeit und Muße mehr, uns auf etwas tiefer einzulassen – auch nicht auf den anderen und erst recht nicht auf die Liebe zu ihm. Dafür leben wir in solch merkwürdig distanzierten Beziehungen wie im so genannten »Second Life«, in virtuellen Welten, vernetzen uns über digitale Netzwerke, versuchen, über Facebook oder Stayfriends so etwas Ähnliches wie einen Kontakt herzustellen oder zu halten: aber sind dabei nicht mehr authentisch.

Wir Menschen des 21. Jahrhunderts haben mehr Medien und Kommunikationskanäle als jemals eine Generation in der Geschichte der Menschheit zuvor; und gleichzeitig reden wir weniger als jemals zuvor miteinander von Mensch zu Mensch. Dabei sollten uns die wachsenden Möglichkeiten der Kommunikationskanäle doch eigentlich zusammenbringen können. Aber tun sie das? Meine bescheidene Eigenempirie führt mich zu der Feststellung: wohl eher nicht. Denn auf diesen neuen Kanälen kommunizieren die Menschen in wachsender Anonymität. Sie haben angeblich fünfhundert Freunde auf Facebook – aber in der Tat keinen einzigen Freund darunter, mit dem sie etwa einmal auf ein Bier ausgehen und sich aussprechen können. Geschweige denn einen leiblichen Kontakt zu einem Menschen. Schade.

· · · · ·

Der zweite Grund, warum wir uns nicht lieben: Das Wort Gottes zählt in unserer Gesellschaft nicht mehr viel. Mir scheint, auch wir hier in Deutschland haben die christlichen Wurzeln unserer Kultur vergessen. Es gibt zwar immerhin noch ca. 22 Prozent Protestanten und 23 Prozent Katholiken offiziell in Deutschland – aber das sind meist nur so genannte Taufscheinchristen. Das Wort Gottes erreicht uns nur noch, wenn überhaupt, als halbe Gläubige.

Stellen wir uns einen kleinen Versuch vor: Nehmen wir doch einfach einmal den Artikel 1 des Grundgesetzes, und daraus den ersten Satz: »Die Würde des Menschen ist unantastbar.« Wir nennen nun diesen Satz zehn beliebigen Passanten, die uns in einer Einkaufsstraße entgegenkommen, und fragen diese, aus welcher historischen Wurzel dieser Satz wohl stammen könnte.

Ich fürchte, es werden nicht allzu viele dieser Befragten die richtige Antwort darauf geben: nämlich, dass der Begriff der Würde des Menschen und die Aufforderung, seine Individualität zu achten, aus der Wurzel des Christentums stammen. Die Einzigartigkeit und Kostbarkeit jedes Einzelnen von uns: Sie stammt historisch aus dem Menschenbild des Alten Testaments. Sie ist eine Absage an Kollektivismus und Unterdrückung, an den Primat des Mächtigeren genauso wie gegen jede Form von Rassismus.

Wir wissen offensichtlich in einem wachsenden Maße in dieser Gesellschaft nicht mehr, wo unsere geistigen und ethischen Wurzeln herstammen. Das ist gefährlich. Denn nur wer weiß, woher er kommt, weiß auch, wohin er geht. Und wer das nicht tut, ist in der noch größeren Gefahr, Grundwerte zur Disposition zu stellen. Wenn wir genau hinschauen, ist es schon wieder so weit – glaubt man den Äußerungen bestimmter Parteien am rechten Rand.

Unsere Gesellschaft ist nicht mehr aufmerksam für das Wort Gottes, obwohl wir diesen Worten die Grundfesten unserer Gesellschaft verdanken. Dennoch haben wir uns vom Wort Gottes immer weiter distanziert. Und damit geraten wir in Gefahr, uns von den Wurzeln unserer Kultur der christlichen Barmherzigkeit und der Mitmenschlichkeit zu entfernen. Wir verlieren damit die Kultur Europas.

Das ist in meinen Augen eine Tragödie, eine Glaubenskrise. Wir verlieren damit das, was unsere Besonderheit ausmacht als Menschen. Denn so verlieren wir den menschlichen Umgang miteinander. Deswegen wissen viele Menschen heute auch nicht mehr, wie sie miteinander umgehen können oder sollen. Doch ein solches Wissen ist die Grundlage dafür, dass unser Leben wirklich gelingt. Der Mensch ist ein »zoon politikon«, ein »gemeinschaftliches Wesen«, so *Aristoteles*. Doch Gemeinschaft kann nur dann gelingen, wenn dieses Wesen den Nächsten aus seiner Gesellschaft ebenso wie sich selbst lieben kann.

· · · · ·

Der dritte Grund, warum wir uns nicht lieben: Wir begegnen uns nicht mehr. Im Zug oder im Flugzeug kümmert sich jeder um sein Mobiltelefon oder Tablet. Aber das Gespräch mit dem anderen Menschen, der da direkt neben uns sitzt, interessiert uns kaum noch. Wir können uns nun jederzeit mit dem Fernstehenden dank der modernen Medien verbinden. Wie jedoch steht es um den Kontakt mit denjenigen Menschen, die uns – auch räumlich – nahe sind? Hier scheint ein Paradoxon wirksam zu werden: Sobald ein digitales Medium zwischen den Menschen liegt, geben diese intimste Details preis. Doch sobald sie sich Auge in Auge gegenüberstehen, verstummen sie plötzlich – als sei ihnen die Fähigkeit abhandengekommen, mit dem Nächsten zu sprechen, ohne einen Umweg über Skype oder What's App zu nutzen.

Das scheint wie eine Flucht vor dem eigentlichen Menschen, vor der Nähe des Nächsten, vor dem authentischen Menschen. Unsere Gesellschaft sucht den anonymen Menschen. Aber den Menschen mit Leib und Seele, der neben mir sitzt und steht, nehme ich nun nicht mehr wahr.

Wie auch? Es fehlt uns mittlerweile eine entscheidende Voraussetzung: Wenn ich mit einem anderen in Kontakt kommen will, dann muss ich ihn ja zunächst wahrnehmen und dann respektieren und annehmen. Nein, wir flüchten lieber vor dieser Verantwortung. Um Himmels willen, was könnte uns da begegnen, wenn ein echter Mensch mit Haut und Haaren, Leib und Seele, Freud und Leid uns gegenüberstehen würde? Die Kommunikationsdevise des 21. Jahrhunderts lautet vor allem in der jüngeren Generation: lieber googlen als sprechen. Eine solche Haltung bezeugt die Flucht vor dem Nachdenken über sich selbst. Denn der andere führt mich nur dann wirklich ins Nachdenken, wenn ich ihm persönlich begegne. Von Angesicht zu Angesicht.

· · · · ·

Das Gespräch misslingt dort, wo wir den anderen nicht mitdenken. Zerstreuung, Gottesferne, Angst vor der persönlichen Begegnung: Die Gründe, warum Menschen heute nicht mehr lieben können, sind vielfältig. Da heute das Zusammentreffen, das Kommunizieren miteinander aus vielen Gründen nicht stattfindet, verlernen wir, wie wir miteinander umgehen sollten.

Und vergessen damit, wie wir Gesellschaft pflegen können oder müssen. Ein Beispiel dafür ist nach meiner Ansicht die Idee der deutschen Politik, einen »Marshallplan für Afrika« zu entwickeln und diesen mit Hilfe vieler gleichgesinnter Staaten auf der Welt umzusetzen. Das deutsche Entwicklungshilfe-Ministerium hat einen Aufruf für einen solchen Marshallplan für Afrika gestartet. Keine Frage: Darin finden sich gute Ideen, die die Wirtschaft und Politik betreffen. Eines allerdings fehlt nach meiner Einschätzung: Das Miteinander der Menschen kommt in diesem Plan zu kurz. Dazu gehören etwa solche Fragen wie:

- Wie wollen wir zusammen leben – trotz ethnischer Konflikte?
- Wie wollen wir zusammen arbeiten?
- Wie wollen wir miteinander teilen?
- Wie wollen wir miteinander sprechen?
- Wie wollen wir miteinander feiern?
- Wie wollen wir Zusammengehörigkeit schaffen?
- Wie wollen wir uns in diesem Plan gegenseitig Sicherheit geben, uns Vertrauen schenken?

Die Idee eines Marshallplans scheint auf den ersten Blick maßgeschneidert, wenn man sich die wirtschaftlichen Probleme in Afrika anschaut. Aber wie wollen wir diesen Plan so umsetzen, dass er uns ebenso wie den Menschen in Afrika guttut? Ein solcher Plan sollte jedem Einzelnen und auch der Gesellschaft guttun – und nicht nur der Wirtschaft.

• • • • •

Die Aufforderung Gottes lautet – denkt gleichberechtigt.
Ein Plan, der vielen Menschen helfen soll, muss jedem anderen Beteiligten so gut helfen, wie er auch uns guttun würde. Das heißt: Alle Bedürfnisse müsste dieser Plan gleichberechtigt erfüllen können. Denn es geht immer wieder um die Menschen und ihre elementaren Bedürfnisse.

Auch wenn manche Bürger der Bundesrepublik das nicht glauben mögen: Menschen in Afrika haben die gleichen Bedürfnisse wie die in Europa. Besonders gilt dies für die Grundbedürfnisse: Essen, Trinken, die Möglichkeit, einen Beruf zu ergreifen und sich und seine Familie zu ernähren, die Chance, sich einen Besitz aufzubauen. Doch all das funktioniert nur, wenn die elementaren Grundrechte garantiert sind: Frieden, Rechtssicherheit, Gerechtigkeit, ein Gewaltmonopol des Staates, Sicherheit vor Willkür, Hoffnung auf friedliche Entwicklung, die Chance, Kinder ohne Gewalt aufzuziehen.

Wenn wir aber einen Plan für Afrika entwickeln möchten, der funktioniert, müssen wir als Erstes darauf achten, dass es kein ungerechter Plan wird. Sondern ein Plan der tätigen Nächstenliebe – der diese Forderungen als erste Punkte auf die Agenda setzt.

· · · · ·

Das Beispiel des barmherzigen Samariters: Dies zeigt uns, wie ein konkreter Liebesakt zwischen Menschen aussehen kann. Wir alle kennen die Geschichte aus dem Neuen Testament *(Lukas 10, 25-37)*. Ein Mann fällt unter die Räuber, wird überfallen und schwer verletzt und bleibt am Rande des Weges auf den Tod liegen.

Ein Priester, ein Levit, also auch ein Gottesdiener, und andere Bürger gehen achtlos an dem Opfer vorbei. Sie sehen den Verletzten, doch sie kümmern sich nicht um ihn. Er ist ihnen gleichgültig. Das Wort Barmherzigkeit, das aus der Liebe entspringt, kennen sie nicht.

Da kommt ein Mann aus Samaria vorbei. Ein Fremder. Sein Volk gilt eigentlich als Feind des Volkes Gottes. Er ist also ein Ausländer, ja, sogar ein Verfemter. Und doch tut er das, was ihm sein Mitleid befiehlt: Eigentlich ein Fremder und Verfemter, ist ausgerechnet er es, der den Verletzten aufhebt, seine Wunden versorgt, ihn auf seinen Esel setzt und ihn in eine Herberge bringt, wo er den Befehl gibt, den Überfallenen wieder gesund zu pflegen. Mehr noch: Er zahlt dem Herbergsvater sogar zusätzliches Geld, damit der Verletzte versorgt werden kann, um wieder ganz zu genesen.

Diese Geschichte aus der Bibel ist ein großartiges Beispiel dafür, was die Liebe ist – und was sie bewirkt, wenn sie tätig wird. Die Liebe ist nicht in erster Linie die sexuelle Liebe, also die geschlechtliche Liebe zwischen Mann und Frau. Das ist sicher ein wichtiger und schöner Aspekt, keine Frage. Denn die Freude an der Fortpflanzung hat uns Gott gegeben, damit wir Menschen Lust miteinander erleben. Und das ist gut so. Das Wichtigste bei dieser erotischen Liebe aber ist der Aspekt, dass man dem anderen gut tut. Denn die Lust, die eigensüchtig nur sich selbst befriedigt, hat mit Liebe dem anderen Menschen gegenüber nichts zu tun.

Doch die Liebe, die der barmherzige Samariter zeigt, geht über diesen Teilaspekt der geschlechtlichen

Liebe noch ein ganzes Stück hinaus. Und gerade das macht sie so wertvoll. Wenn sich diese Liebe zu der erotischen gesellt, hat die Fortpflanzung eine strahlende Zukunft.

. . . . .

Der Kern der Liebe ist die Liebe der Eltern zu ihren Kindern. Denn Vater und Mutter tun alles, damit es ihren Kindern gut geht. Eltern auf der ganzen Welt kennen und spüren diese Liebe und praktizieren sie jeden Tag von Neuem. Aber es gibt auch Eltern, die das nicht tun – vielleicht aus dem Grund, weil sie es nicht schaffen. Vielleicht aus dem Grund, weil sie nie selbst Liebe gespürt haben. Vielleicht deshalb, weil sie in einem Umfeld leben, das Liebe nicht wertschätzt. Vielleicht auch deshalb, weil das Leben sie hart und lieblos gemacht hat.

Egal aus welchem Grund – schauen wir genauer hin: Wenn wir das Wort Gottes nicht richtig achten, entfernen wir uns von Gott. Für mich ist es kein Wunder, dass es unter diesen Umständen der Welt nicht ganz so gut geht, wie wir uns das eigentlich wünschen.

Der Kirche übrigens auch nicht. Doch ich bin und bleibe Optimist. Dieser Kern der Liebe, die Liebe für den Nächsten, die Gutes tut, wird weiter bestehen und ewig bestehen aus einem ganz einfachen Grund: weil Gott ewig ist und Gott selbst diese Liebe ist. Ja: Die Liebe ist Gott selbst: In einem Brief des Apostels Johannes hat dieser den fundamentalen Satz aufgeschrieben: »Gott ist die Liebe.« *(1 Johannes 4,8)*

. . . . .

Und was machen wir daraus? Deutschland ist ein reiches Land. Es ist ein Land voller kluger Köpfe. Philosophen, Ingenieure, Ärzte, Theologen, Juristen, Manager – und in vielen Disziplinen bietet es die Besten davon auf der ganzen Welt. Deutschland kann sich glücklich schätzen.

Doch für mich war eines merkwürdig, als ich dies Land vor drei Jahrzehnten näher kennenlernte. In diesem reichen, gesegneten, sicheren und blühenden Land Deutschland habe ich zu meinem Erstaunen *ein* Verhalten immer wieder festgestellt: Sobald wir – egal in welchen Gremium – ein Projekt, einen Plan, eine Idee diskutiert haben, eine Hilfsaktion uns vorgenommen haben, eine Verbesserung vorgeschlagen haben, war das erste Argument dasjenige, das feststellt: Warum das, was wir uns da gerade vornehmen wollen, nicht gehen kann!

Es war verblüffend für mich als jungen Theologen und Seelsorger, der aus einem armen, von Konflikten und Korruption beherrschten Land von weit her stammt, zu sehen: In Deutschland herrscht der so genannte »Defizit-Ansatz« in der Diskussion von Ideen! Statt als Erstes jene Aspekte einer neuen Idee zu suchen, die zum Aufbau führen und weiterbringen, suchen viele Menschen in unserer Gesellschaft offensichtlich erst einmal das, was nicht funktionieren kann.

Ich wundere mich immer wieder, wenn ich solche Diskussionen verfolge, dass sich dies Land so erstaunlich entwickeln konnte. Denn es stimmt: In vielen Gremien wird erst einmal all jenes zusammengesucht, das belegen soll, wie Ideen *nicht* funktionieren können.

Dabei sollte uns doch viel mehr interessieren, wie wir es gemeinsam schaffen können, einen guten Plan zum Leben zu bringen – oder?

· · · · ·

Vielleicht bin ich naiv. Das kann sein. Aus meiner Bewunderung für das Zupackende und menschlich Handelnde, aus meiner Leidenschaft für die soziale und christliche Großtat im europäischen Flüchtlingsdrama schrieb ich damals meine »Hymne für Frau Merkel«. Mit ihrem Satz »Wir schaffen das!« hat sie sich in die Reihe der tatkräftigen, aufbauenden und der wertebewussten Menschen dieser Zeit eingereiht. Wie viel Ablehnung sie dafür erfuhr, zeigt nur, dass viele Menschen nicht in der Lage sind, weitblickend und human zu handeln.

Der wüste Hass, der der Bundeskanzlerin nach ihrer humanen Großtat aus dem eigenen Land entgegenschwappte, hat mich zutiefst getroffen. Können Menschen, die das Humane dermaßen angreifen und begeifern, überhaupt andere Menschen lieben? Mehr noch meine Frage: Können sie sich überhaupt selbst lieben?

Ich fürchte – nein. Denn ein Mensch, der Hass predigt, kann sich selbst nicht lieben. Der einfache Grund dafür: Ein solcher Mensch hat nur im Sinn, was dem anderen Menschen wehtut. Was ihn schädigt. Wer das anderen wünscht und antut, der kann in seinem Innersten keine Liebe fühlen. Jeder Mensch ist ein Abbild Gottes. Wer einen Menschen schlägt, schlägt Gott – und damit sich selbst. Hassprediger sind gescheiterte Menschen. Sie missbrauchen den Deckmantel der Religion, welcher auch immer, um andere Menschen dazu zu bringen, ihre Humanität zu verraten.

Es gibt für uns nur einen Trost: Der scheinbare Erfolg des Hasses ist eine Täuschung. Wenn man den anderen tötet oder verletzt, mag der Täter vielleicht denken: »Ich habe gewonnen!« Doch das hat er nicht. Denn wenn wir den anderen töten, töten wir uns selbst. Jeder Mensch ist ein Abbild Gottes. Wenn wir einen Menschen töten, töten wir uns selbst als Erstes. Für uns Christen heißt das: Wir töten Brüder und Schwestern. Und diese Einsicht ist nicht nur auf die christliche Kirche beschränkt. Denn für einen Christen sind alle Menschen Kinder Gottes, weil sie sein Abbild, seine Schöpfung, sind.

· · · · ·

Wie können wir dem Hass entkommen? Nur dadurch, dass wir an seine Stelle die Liebe setzen. Diese Liebe ist bedingungslos: Sie ist »langmütig und freundlich, die Liebe eifert nicht, die Liebe treibt nicht Mutwillen, sie blähet sich nicht, sie stellet sich nicht ungebärdig, sie suchet nicht das Ihre, sie lässt sich nicht erbittern, sie rechnet das Böse nicht zu, sie freuet sich nicht an der Ungerechtigkeit, sie freuet sich aber der Wahrheit; sie verträgt alles, sie glaubt alles, sie hoffet alles, sie duldet alles. Die Liebe hört nimmer auf.« (1 Korinther 13,4-8a)

Besser, als Paulus die Eigenschaften der Liebe zusammengefasst hat, kann man sie kaum definieren. Die Liebe ist der Gegenpol zu Hass und Zerstörung, Gewalt und Missachtung. Doch manche Menschen haben es nicht geschafft, diese Liebe zu entdecken. Noch nicht einmal für sich selbst.

· · · · ·

Wie kann man sich selbst lieben? Das ist ganz einfach: Wenn wir uns an jedem Tag von Neuem auf die Kostbarkeit des Lebens besinnen, entdecken wir, was uns guttut. Sieben Einsichten können uns dabei helfen.

· · · · ·

Einsicht Nummer eins: Das Leben dankbar annehmen. Dieser Dank ist wichtig. Viele Menschen sehen das nicht so, weil sie nicht darauf achten, dass es ein Geschenk ist. Jeder Mensch ist Teil einer Kette, jedes Leben ein Bindeglied zwischen gestern und morgen. Unsere Eltern und damit auch Gott haben es uns geschenkt. Weil es gut ist, sollten wir dankbar dafür sein. Woher aber wissen wir, dass es gut ist? Die Schöpfungsgeschichte berichtet von Gottes Urteilen bei der Erschaffung der Welt: Was er machte, fand er stets »gut«. Aber als Gott den Menschen erschaffen hat, heißt es: »Und siehe, es war sehr gut!« *(Genesis 1,31)* Wenn Gott das über seine Schöpfung sagt, dürfen wir als Menschen durchaus unser Leben bejahen, uns darüber freuen – weil Gott sich über uns ebenso freut. Und auch wir können uns darüber freuen.

Aber wie ist das mit einem Todkranken? Der Todkranke beklagt sich doch mit Recht: »Ach, das ist doch so kein Leben mehr!«

Ich wage hingegen einzuwenden: Doch. Es ist eines. Es kann immer noch eines sein. Wir hatten eine behinderte Frau in einer Meditation. Sie hat uns jedes

Mal von Neuem verblüfft. Denn sie hat mit solcher Klarheit und Freude darüber meditiert, welches Glück sie trotz ihrer Behinderung jeden Tag von Neuem in der Welt erfahren darf. Ihre Gedanken haben uns »normale«, nicht behinderte Menschen tief berührt. Sie hat uns gezeigt: Egal, was mir in meinem Leben begegnet, jeder Mensch hat das Leben in sich – in seiner ganzen Fülle. Und er darf sich darüber freuen. Das Leben ist unser größtes Geschenk. Die Unfälle des Lebens und im Leben nehmen die Güte und die Erhabenheit dieses Geschenks nicht weg. Das Leben gehört nicht zur Tragweite der Handlung des Menschen. Niemals steht das Leben zur Verfügung.

. . . . . .

Einsicht Nummer zwei: Den Körper achten und genießen. Wenn unser Leib gut funktioniert, tut uns das gut. Deshalb kämpfen wir gegen Krankheiten, trainieren unseren Körper und achten auf seine Bedürfnisse. Wir tun uns damit als Mensch etwas Gutes.

Absurd erscheint mir in diesem Licht der Selbstachtung die Leibfeindlichkeit früherer Jahrhunderte. Hier hat sich die Institution Kirche kein Ruhmesblatt erworben. Den Leib zu verdammen zugunsten einer körperlosen Seele – das war bestimmt niemals das Bestreben Jesu. Im Gegenteil. Das Gute beginnt auch für ihn beim Achten auf das eigene Wohlbefinden.

Zugegeben, bei uns modernen Menschen klappt das auch nicht immer. Wir alle wissen um unsere ungesunden Essensgewohnheiten, die uns nicht unbedingt bekommen. Zu Weihnachten oder zu Ostern stopfen wir uns mit Fettem und Süßem zu. Nun gut, das sei dem Festtag geschuldet. Dennoch wissen wir: Mäßigkeit und Harmonie auch beim Essen tun uns gut und helfen, besser zu leben.

• • • • •

Einsicht Nummer drei: Den Geist entwickeln. Wir sind – im Einklang mit dem Körper – vor allem geistige Wesen. Der Mensch ist mit einem scharfen Verstand begabt. Wenn er will, kann er klug, gerecht und weise agieren. Dazu müssen wir die Entwicklung unseres Geistes fördern, so dass sich unser Verstand bilden kann. Entwicklung heißt, nicht stehen zu bleiben, Neues anzugehen, neugierig und mutig zu sein, nicht in Erstarrtem stecken zu bleiben. Den Geist zu fördern heißt, in Bewegung zu bleiben. Und auch noch in hohem Alter die Fähigkeit zu besitzen, sich vom Leben und den Mitmenschen immer wieder überraschen zu lassen.

• • • • •

Einsicht Nummer vier: Geborgenheit geben und genießen. Meine Erfahrung von Geborgenheit durfte ich in meiner Kindheit in unserem Dorf in Afrika zusammen mit meiner Mutter machen. Ich durfte mit ihr aufs Feld gehen, zur Ackerarbeit, ich lernte bei ihr kochen und backen und konnte, anders als andere Jungen in meinem Alter, viel Zeit mit ihr verbringen. Für mich war es wichtig, dass ich mit ihr reden, mich austauschen konnte. Dass wir beide in dieser Weise Vertrauen entwickeln konnten, dass wir beide uns geschützt fühlten – das tat und tut gut. Man nennt dieses Gefühl Geborgenheit. Wenn Menschen einander Geborgenheit geben und vom anderen dasselbe Gefühl empfangen, dann bauen sie ein Netz von Zuneigung auf, das das Leben lebenswerter macht.

• • • • •

Einsicht Nummer fünf: Nicht haben, sondern sein: Sich selbst zu lieben heißt, das Gleichgewicht von Körper, Geist und Seele herzustellen und mit sich, seinen Wünschen, Erwartungen und Gefühlen im Einklang zu leben. Einklang stellt sich ein, wenn wir lernen, auf uns und unsere echten Gefühle und Bedürfnisse zu horchen. Der Psychoanalytiker *Erich Fromm* stellt dazu den Gegensatz von »Haben« oder »Sein« fest. Im »Haben« zu leben bedeutet nach seiner Interpretation, wenn Menschen ihre Existenz an Besitz und irdischem Ruhm festmachen wollen. Die Lebensform des »Sein« dagegen führt uns zu der Weisheit, unser Leben jeden Tag bewusst und lebendig mit unseren Mitmenschen zu erleben. Wir sind dann wirklich, wenn wir nicht versuchen, etwas darstellen, was wir nicht sind. Schein oder Sein? Diese Entscheidung sollte jeder sich vor Augen führen, der auf der Suche nach dem inneren Gleichgewicht ist.

Wir sollten deshalb das Maß einhalten. Das Maß, die Mitte ist der Garant für Zufriedenheit. Die Überschreitung des Maßes tut keinem Menschen gut. Und das in unserem ganzen Leben. Wenn wir zu viel trinken – tut uns das nicht gut. Wenn wir zu viel essen – tut uns das nicht gut. Wenn wir zu viel studieren – tut uns auch das nicht gut. Denn dann besteht die Gefahr, dass wir uns zu Fachidioten verbilden. Man kann auch zu viel dessen tun, was eigentlich gut sein sollte.

Deshalb bin ich überzeugt: Man kann auch zu viel beten. Jesus hat seine Apostel, als sie vom Missionieren zurückkamen und müde waren, erst einmal zum Ausruhen geschickt *(Markus 6,31)*. Wir Menschen sind zwar Ebenbild Gottes, aber wir sind beschränkte Wesen. Und wir müssen uns Pausen gönnen, um auf uns zu achten. Denn wer nicht auf sich achtet, kann sich auch nicht lieben. Und erst recht keinen anderen.

· · · · ·

Einsicht Nummer sechs: Sich nicht unterdrücken lassen. Der Mensch ist zur Freiheit geschaffen. »Ihr werdet sein wie Gott«, so heißt es in der Genesis *(2,16f. und 3,5)*. Diese Freiheit aber ist nichts ohne Verantwortung. Wie die Geschichte weiterging, wissen wir alle: Der Mensch hat die Wahlfreiheit. »Du darfst alles essen. Nur von diesem Baum nicht.« Das Ergebnis ist bekannt.

Es besitzt aber noch eine andere Dimension als die der Vertreibung aus dem Paradies. Diese Botschaft bedeutet nämlich zudem: Unsere Freiheit ist eine ganz große Freiheit – aber sie ist nicht uferlos. Die menschliche Freiheit misst sich stets an der Freiheit des Nächsten. »Freiheit ist immer die Freiheit des Andersdenkenden«, schrieb einst die sozialistische Politikerin *Rosa Luxemburg*. Das lässt keinen Platz für Totalitarismus und Unterdrückung. Im Gegenteil: Meine Vision von der Kirche der Zukunft betont das ungeheure Geschenk der Freiheit des Individuums, das Jesus jedem Einzelnen von uns hat zukommen lassen. Das sollten wir uns von niemandem nehmen lassen: nicht von Sektenführern, Rattenfängern, Populisten oder Vereinfachern. Die Freiheit ist einer der Grundwerte, die das Leben als **95** solches pflegen. Ohne Freiheit kann Leben sich nicht entfalten. Ohne Freiheit ist der Mensch ein armes Wesen.

• • • • •

Einsicht Nummer sieben: Bleibt lebendig! Es empfiehlt sich, wach zu bleiben. Aufmerksam sein, neugierig bleiben, sich nicht einlullen lassen. Sondern die Welt mit allen Sinnen erfassen. Wir sollten etwas wollen, einen Willen besitzen zu handeln. Und nicht alles als gottgegeben hinnehmen, im Guten wie im Bösen.

Den Willen zur Veränderung tragen wir Menschen als Teil unserer Natur in uns. Nicht alle benutzen ihn. Doch die Gnade ist uns allen geschenkt. Wir müssen sie nur sehen und ihre Aufforderung begreifen. Meine Vision von der Kirche von morgen sieht die Gnade als die Fähigkeit, in unserem Leben zu handeln – für einen guten Zweck. Wozu sonst besitzen wir Tatkraft? Energie? Durchsetzungswillen? Lebendig zu bleiben heißt, etwas zu tun. Hier und jetzt. Und sich nicht als Zuschauer zurückzulehnen und den lieben Gott einen guten Mann sein zu lassen. Jakobus hat unterschieden zwischen dem Glauben des Menschen und seinen Werken. Zu einem christlichen Leben gehört beides. Erst an beidem erkennt man den ganzen Menschen und den richtigen Christen. *(Jakobus 2, 17-18)*

• • • • •

Und was macht die Kirche? Freut sich die Kirche, dass es sie gibt? Was erkennen wir an ihren Handlungen? Die Kriterien, das Handeln der Gemeinschaft der Christen zu beurteilen, sollten die gleichen sein, die für jeden einzelnen Christen gelten: Die Werke der Kirche sollten Werke der Liebe sein. Und der Glaube sollte der Glaube an das Wort Gottes sein.

In meiner Vision wird sich die Kirche von morgen diese beiden Fragen stellen, um zu prüfen, ob sie der Liebe und der Nächstenliebe fähig ist. Und ob sie sich als eine Gemeinschaft der Glaubenden oder als hierarchisches Gremium von Herrschenden versteht.

Noch einmal die Frage: Freut sich die Kirche wirklich, dass es sie gibt? Sehen wir wirklich eine freudige Kirche vor uns, eine, die Fröhlichkeit ausstrahlt, weil Gott, der Schöpfer, der sie hervorgebracht hat, sich über sie freut?

Wir sollten uns über unser Leben als Kirche viel mehr freuen, als wir es bislang tun – besonders, weil wir Christen doch eine FROHE Botschaft vernommen haben.

Es gibt vieles in der Kirche, was nicht zu ihrem Geist passt. Ein paar Beispiele gefällig? Bitte sehr: Sauertöpfische Mienen, geistige Enge, dogmatischer Zwang, Selbstkasteiung, Bigotterie, Willkür gegenüber anderen, eine verlogene Sexualmoral, Körperfeindlichkeit und vieles mehr gehören ganz vorne mit dazu. Ja, sprechen wir es aus: Die Kirche von heute leidet immer noch unter viel zu vielen Dogmen, Verhaltensweisen und Ausgrenzungen, die nicht zur Botschaft ihres Gründers passen.

· · · · ·

Das Beispiel der Hierarchie: Eines ist klar: Kirche ist bestimmt keine demokratische Institution, beileibe nicht. Und, um gleich einem Missverständnis zu begegnen, das muss sie auch nicht sein. Jesus war schließlich auch kein demokratischer Politiker. Sondern er kam als Gottes Sohn. Es gibt einfach Dinge, über die man nicht abstimmen kann: zum Beispiel über den Glauben. Oder über Grundwerte unserer Gesellschaft. Nicht zuletzt haben die Verfassungsväter bestimmte Grundwerte unseres Grundgesetzes in einer »Ewigkeitsklausel« als nicht verfügbar oder änderbar festgelegt.

Hierarchien sind an sich nichts Schlechtes: Sie geben in Gruppen von Menschen Klarheit, sie verhindern unnötige Streitereien, sie legen fest, wer wem etwas zu sagen hat. Ohne Hierarchien würden kein Industrie-Konzern, kein Fußballverein und keine Militärkompanie funktionieren. Wahrscheinlich auch Kirche nicht.

Doch muss Hierarchie so gelebt werden, wie wir sie seit Jahrhunderten in der katholischen Kirche erleben: oft von oben herab, menschlich kalt, diskussionsfrei, dekretierend, abkanzelnd? Meine Vision einer Kirche von morgen kennt durchaus den Gedanken der Hierarchie. Aber alles hängt daran, ob Menschen, die für die Hierarchie verantwortlich sind, diese liebevoll gestalten – oder nicht. Denn das geht: Es ist sogar möglich, aus einer kalten Hierarchie eine warme, wertschätzende Gemeinschaft zu machen. Dazu brauchen wir nur dieselben Tugenden und Eigenschaften zu leben, die wir als Anforderung an uns als Individuen stellen.

Das heißt gerade nicht, der Heuchelei Tür und Tor zu öffnen. Ich denke da nur an die Tatsache, dass wir alle KINDER GOTTES sind. Aber leben wir das wirklich konsequent? Leben wir das ehrlich?

Ein Beispiel für die Erstarrung der Kirche ist die Einrichtung der Glaubenskongregation. Diese versteht sich als Bewahrer des Glaubens – und in dieser speziellen Rolle vor allem als VERBIETENDE. Die Glaubenskongregation setzt auf festgelegte Regeln. Das ist starr. Und lieblos den Menschen gegenüber, die diese Regeln betreffen. Wäre Jesus so starr in seinem Denken etwa gegenüber der Ehebrecherin gewesen, hätte er sie zum Tode verurteilt *(Johannes 8, 3-11)*.

In einer solchen Kirche fällt es schwer, der Liebe genügend Raum zu verschaffen. Aber wir brauchen heute mehr denn je eine liebende Kirche. Und diese darf nicht nur aus ein paar Menschen bestehen, die anderen Menschen Gutes tun, sondern allen Leuten – indem wir zum Beispiel eine fröhliche, liebende Liturgie feiern, die die Gnade Gottes schenkt und verdeutlicht – und damit wirklich Gutes tut gerade im Feiern des Sakraments, das die Quelle der christlichen Kraft zum Lieben ist.

Doch was haben wir getan? Wir haben die Kirche immer weiter ritualisiert. Auch den Gottesdienst. So wird die Messe zwar brav in einer Form weltweit gefeiert und nicht anders – und dann soll das lebendiger Glaube sein? Gott sei Dank tut sich seit dem Zweiten Vatikanischen Konzil etwas in Richtung Lebendigkeit der Kirche als Volk Gottes.

Jesus hat gesagt: »Betet ständig!« *(Lukas 18, 1-8; 21,36)* Nun steht aber im Ritual die Form viel mehr im Vordergrund als der Inhalt. Denn die meisten Gebete sind fest vorformuliert.

Was ist die Folge? Wenn wir die Messe gefeiert haben, ist das Wort Gottes in der Kirche geblieben. Wir

Gläubige und Priester gehen heraus. Gott aber bleibt zurück in der Kirche. Da es aber zu unserem Leben als Christ gehört, Gott und sein Gebot der Nächstenliebe mit aus dem Gottesdienst-Raum heraus zu nehmen, mit in den Alltag zu nehmen, bleibt unser Bemühen um gelebtes Christentum nicht mehr als eine Hülle.

. . . . .

Wir können uns die Frage der Wahrhaftigkeit nach jedem Kirchgang stellen. In der Kirche heißen die Gläubigen in der Messe Brüder und Schwestern, außerhalb begegnen sie sich allerdings nur als »Herren« oder »Damen«. Das scheint mir heuchlerisch. So wie etwa beim Mafia-Mörder, der die Woche über erfolgreich als Killer unterwegs ist, am Samstag zur Beichte geht, sonntags im Gottesdienst beim Vaterunser die Knie beugt – und am Montag wieder ebenso ungerührt wie erfolgreich seinem Job nachgeht. Da sollten wir uns an die harten Worte Jesu erinnern: »Weh euch, ihr Heuchler ...« *(Matthäus 23,13)*

Kurzum: Dass wir als Angehörige der Kirche unsere Attribute selbst nicht ganz ernst nehmen, unterstützt meine Erfahrung und Beobachtung.

Eigentlich bedeutet das Liebesgebot: Wir alle sind Brüder und Schwestern: ob Kardinal, Eminenz, Exzellenz, Monsignore, Oberin/Äbtissin – doch die Hierarchie siegt fast immer.

Meine Vision einer Kirche von morgen sagt: Eigentlich sollten wir zum Kardinal gehen können und zu ihm sprechen: »Herr Bruder Kardinal«, oder zum Papst: »Herr Bruder Papst.« Zugegeben, da sind wir noch ein bisschen weit davon entfernt. Ein Beispiel aber, wie es in der Praxis funktionieren kann, zeigen uns die Pfingstkirchen. Sie haben das Liebesgebot ernst genommen, sprechen sich alle durchgehend mit »Bruder« und »Schwester« an – und siehe da: In ihren Gemeinden geht es viel wärmer zu als in den meisten katholischen Kirchen.

• • • • •

Für viele? Nein: Für alle! Unter Papst Bendedikt erreichte die Priester in der ganzen Welt ein Schreiben aus dem Vatikan, das auf den ersten Blick harmlos daherkam. Es betraf die Diskussion um die Worte der Wandlung. Papst Benedikt, ein gelehrter Mann, wollte einen Jahrhunderte währenden Streit um die genaue Formulierung der Wandlungsworte im Hochgebet klären. Der Kern des Streits richtete sich auf die Frage: Heißt es an dieser alles entscheidenden Stelle des Neuen Testaments nun, das Blut Jesu würde für »viele« oder für »alle« vergossen? Offensichtlich sollte die von der Kirche geforderte Treue zum Wort Gottes durch diesen Begriff »viele« ausgedrückt werden. Bei mir aber als Seelsorger, Priester und Theologen schrillen bei einer solchen Unterscheidung alle Alarmglocken.

Deshalb habe ich – in meiner Funktion als Theologe und Priester – durch den Priesterrat der Erzdiözese München dem Papst in einem Brief ausführlich dargelegt, wie meine Vision einer Kirche der Zukunft in diesem Punkt aussieht. Sie lautet: Selbstverständlich darf die Kirche keinen einzigen Menschen aus der Barmherzigkeit des Abendmahls ausschließen. Deshalb darf die von Theologen seit Jahrhunderten umstrittene Formulierung des Wandlungstextes nicht einseitig und damit ausschließend in »viele« statt »alle« verkürzt werden. Das, so schrieb ich damals dem Papst, würde nicht nur eine starke Verunsicherung bei den Gläubigen auslösen. Sondern auch die Gnade Gottes ad absurdum führen.

Denn wer wäre dann einer von den »vielen«, die in den Genuss der Abendmahls-Botschaft kommen? Existiert etwa eine Rangliste der Tugenden, die der Gläubige vorweisen muss, um in den Genuss der vollen Wirkung des Abendmahls zu gelangen? Oder gibt es gar für den Himmel Platzkarten? Das gesamte Vorhaben Jesu als Sohn Gottes und die Aussendung seiner Apostel gelten doch allen Menschen *(Matthäus 28, 19-20)*.

• • • • •

Die Kirche muss mehr Liebe leben. Dazu gehört nicht nur eine gleiche Ansprache gegenüber Gott und den Menschen. Sondern eine andere Sichtweise der Kirche auf sich selbst. Meine Vision einer Kirche von morgen lässt die Institution sich endlich einmal an ihre eigene Nase fassen und ihr Verhalten kritisch betrachten. Und meine Vision gibt an die Institution die Aufforderung weiter, sich endlich selbst zu lieben – und die Menschen dazu. Das heißt:

- Kirche darf sich freuen.
- Priester und Gläubige dürfen fröhlich die Frohe Botschaft verkünden.
- Alle Christen sollen aufmerksam auf das harmonische Miteinander achten.
- Sie dürfen sich mit Vertrauen, Langmut und Wertschätzung begegnen.

- Und sie können alle Gremien so aufbauen, dass ein Gespräch wirklich funktioniert.

Wir sollten die Kirche lebendig machen, den Glauben fröhlich verkünden, uns gegenseitig schätzen und unterstützen. Wir haben die Kirche in den vergangenen Jahrhunderten zementiert ohne einen ernsthaften Blick auf das Handeln Jesu, ohne einen tiefen Blick auf den wirklichen und wichtigsten Inhalt des Glaubens: auf die Liebe. Die da heißt: »Gutes tun«.

KAPITEL 5

WAS, WENN DIE KIRCHE WIEDER BARMHERZIG WÜRDE?

Das Wort Barmherzigkeit kannte ich schon aus meinem Dorf. Wir haben in der Sprache unseres Volkes zusätzlich noch viele weitere Begriffe für das, was wir da täglich als Barmherzigkeit praktizierten: Mitleid, Nächstenliebe, Fürsorge, sich kümmern, wertschätzen.

Als ich das Wort Barmherzigkeit zum ersten Mal aus der Bibel hörte, war ich neun Jahre alt – und horchte mit Spannung dem katholischen Priester zu, der uns die Geschichte vom barmherzigen Samariter erzählte. Ich war fasziniert von der Handlung, von der Zuwendung, die ausgerechnet ein Mensch einem anderen Menschen zollt, der nicht seinem eigenen Stamm angehört.

Kennengelernt habe ich diese Tugend, seit ich schauen und denken kann: In unserem Dorf im Kongo hatte ich genügend Gelegenheit dazu, diese zutiefst menschliche Eigenschaft zu beobachten. Unser Nachbar hatte kein Geld, um Maniok zu kaufen, weil sein Feld in jenem Sommer unter der Hitze verdorrt war. Mein Vater, meine Onkel und Tanten legten kurzerhand aus ihrer ebenfalls mageren Ernte die Früchte zusammen, die ihm halfen, seine Familie damit zu versorgen.

Eine alleinstehende Frau, einige Hütten weiter, war erkrankt und konnte nicht mehr arbeiten. Meine Mutter und fünf weitere Frauen aus unserem Dorf kümmerten sich um sie, kochten ihr Essen, versorgten ihre drei Ziegen und schleppten ihr jeden Morgen frisches Wasser aus dem abgelegenen Fluss in die Hütte, damit sie gesund werden konnte.

Ein Paar aus unserem Dorf verlor seinen einzigen Sohn, der im Fluss ertrank – und versank in Trauer. Onkel, Tanten, Nachbarn, Freunde, Fremde: Sie alle versammelten sich für Tage, um die beiden aus ihrer

Trauer zu befreien, indem sie einfach bei ihnen saßen und versuchten, mit ihnen zusammen den Schmerz des Verlustes zu verarbeiten.

Und schließlich: Flüchtlinge aus einer benachbarten, von Milizen heimgesuchten Region unseres Landes tauchten eines Morgens in unserem Dorf auf: hungrig, verletzt, zerlumpt, durstig, mit nichts dabei außer den Kleidern, die sie am Leib trugen. Ein Bild des Jammers. Die Dorfbewohner sorgten in einer gemeinsamen Anstrengung dafür, dass die Menschen in schnell aufgebauten Palmenhütten Unterschlupf fanden. Mein Vater und seine Nachbarn gaben ihnen zu trinken, gaben ihnen zu essen, versorgten ihre Wunden und betteten sie auf Matten, damit sie wieder Mut schöpften. Keiner aus unserem Dorf sprach damals eine Frage aus. Alle Menschen handelten einfach. Selbstverständlich und zugleich voller Nächstenliebe.

Ich werde diese Szene nie vergessen.

· · · · ·

Barmherzigkeit: Ein großes Wort. Das Wort *misericordia* bildet seinen Ursprung. Dies ist eine Zusammensetzung aus dem lateinischen Begriff *miser*, was etwa mit »arm, elend« übersetzt wird, und dem Begriff *cor, cordis* für »Herz«. Quer durch verschiedene Verfremdungen hat sich diese Übersetzung bis in unsere moderne Sprache gehalten.

Ich bin überzeugt: Die Barmherzigkeit ist eine zutiefst im menschlichen Wesen verankerte Eigenschaft unseres Charakters. Eine Eigenschaft, die ihre Wurzel der Liebe verdankt. Denn was tut jemand, der barmherzig ist?

Ein barmherziger Mensch öffnet sein Herz der Not, die er um sich herum wahrnimmt – obwohl sie ihn erst einmal gar nicht persönlich betrifft. Mehr noch: Ein barmherziger Mensch bleibt nicht bei dieser Wahrnehmung stehen – sondern er handelt. Und nimmt sich der Not an. Dies ist wohl auch der entscheidende Unterschied zum Begriff des Mitleids, obwohl auch hier in der Übersetzung das lateinische Wort *misericordia* benutzt wird. Mitleid ist ein empathisches Gefühl – Barmherzigkeit zusätzlich aktives und wirkungsvolles Handeln.

Barmherzigkeit ist allerdings im Christentum keine Privatsache – beileibe nicht. Denn sie gilt als eine der sieben Haupttugenden eines christlichen Menschen. Übrigens kennen diesen Barmherzigkeitsbegriff alle großen Weltreligionen, das Judentum genauso wie der Islam, der Buddhismus genauso wie der Hinduismus. Auch diese Religionen kennen den Begriff als eine der wichtigsten Eigenschaften eines gläubigen Menschen.

Barmherzigkeit bedeutet, wenn man das Wortfeld sich genauer anschaut, so etwas wie Herzensgüte, Verständnis, Mitempfinden, Güte, Freundlichkeit oder Zuneigung, Liebe, Nächstenliebe, Großzügigkeit, Selbstlosigkeit und Aufopferung.

· · · · ·

Woher erhält der Mensch diese Eigenschaft? Barmherzigkeit ist eine Gottesgabe. Sie verhilft dem Menschen dazu, über die Grenzen seines eigenen Egoismus hinauszugehen. Die Aufgabe der Barmherzigkeit besteht darin, nicht an sich zu denken, sondern den anderen, den Nächsten mitzudenken. Ist das nicht eine revolutionäre Erfahrung?

Das alles findet sich durchaus schon auch in Quellen des Alten Testaments. Dort gilt Gott als der »Barmherzige« oder der »Gnädige« und wird immer wieder als solcher gepriesen *(Exodus 34,6; Psalm 103,8)*. Und auch im Neuen Testament tritt uns Gott im Gleichnis vom verlorenen Sohn als großzügiger Vater entgegen, der den verlorenen Sohn – allen Sünden, die er begangen hat, zum Trotz – wieder in seine Arme schließt *(Lukas 15, 11-32)*.

· · · · ·

Sieben an der Zahl: Seit dem Mittelalter zählen Theologen die so genannten *Sieben Werke der Barmherzigkeit* auf, die Christen zu vollbringen haben, wenn sie dem Himmelreich nahekommen wollen. Diese sieben Werke stehen den so genannten *Sieben Todsünden* entgegen, die ein gläubiger Mensch unbedingt vermeiden sollte: Es sind Stolz, Neid, Zorn, Geiz, Unmäßigkeit, Unkeuschheit – und als siebte Todsünde die *Trägheit des Herzens*.

Trägheit des Herzens: was für ein sprechender Ausdruck! Schauen wir uns um im alltäglichen Leben unserer Gesellschaft – wie häufig begegnet uns dann diese Trägheit? Auf Schritt und Tritt.

• Da ist der Busfahrer, der einer alten Frau, mühsam unterwegs mit dem Rollator, fünf Meter, bevor sie den Bus erreicht, die Tür vor der Nase schließt und abfährt.
• Da ist der Lehrer, der ungerührt zusieht, wie ein Schüler aus Syrien von seinen Klassenkameraden wegen seiner schlechten Deutschkenntnisse gehänselt und gemobbt wird.

- Da sind die drei Fußballfans, die geflissentlich wegsehen, wenn neben ihnen ein Anhänger der gegnerischen Mannschaft zusammengeschlagen wird.
- Da ist der Blinde, der sich auf einen Schnellstraßenzubringer verirrt hat und sich zunehmend ratlos mit seinem weißen Stock an der Leitplanke entlangtastet: Während neben ihm auf den Hunderten von Metern, die er diese Strecke schon offensichtlich falsch entlanggegangen sein muss, kein einziger der Dutzenden von Autofahrern angehalten und ihn einfach mal gefragt hat: »Meinen Sie wirklich, dass Sie hier richtig sind?«

Das böse Wort, die üble Nachrede, die unbarmherzige Abkanzlung, der Missbrauch von Macht, die Abwesenheit von Wertschätzung und Zuneigung – all das sind die Merkmale einer Trägheit des Herzens, einer fehlenden Barmherzigkeit. Das alles ist nichts anderes als der Gegenpol jener Fähigkeit, die wir unter diesem Blickwinkel als *Bewegtheit des Herzens* bezeichnen können. Wer sein Herz bewegen lässt, ist erst fähig, Barmherzigkeit zu fühlen – und damit auszuüben.

Wie definieren die mittelalterlichen Kirchenväter diese guten Werke, die der Barmherzigkeit zugeschrieben werden? Sie unterscheiden zwischen den *leiblichen* und den *geistigen* Werken der Barmherzigkeit:

Die sieben leiblichen Werke der Barmherzigkeit sind:
- Die Hungrigen speisen.
- Den Dürstenden zu trinken geben.
- Die Nackten bekleiden.
- Die Fremden aufnehmen.

- Den Kranken beistehen.
- Die Gefangenen besuchen.
- Die Toten begraben.

Die sieben geistigen Werke der Barmherzigkeit sind:
- Die Unwissenden lehren.
- Den Zweifelnden recht raten.
- Die Betrübten trösten.
- Die Sünder zurechtweisen.
- Die Lästigen geduldig ertragen.
- Denen, die uns beleidigen, verzeihen.
- Für die Lebenden und die Toten beten.

Das alles hört sich eigentlich ganz vernünftig an. Bleibt die Frage: Warum halten wir uns als denkende und fühlende Menschen in unserem Alltag so wenig daran?

· · · · ·

Ich liebe Sprichwörter. Denn diese reden zu uns in Bildern. Ein deutsches Sprichwort, das ich sehr schätze, lautet: »Man soll sich zuerst an die eigene Nase fassen, bevor man über andere Menschen leichtfertig urteilt.« Als Priester der katholischen Kirche komme ich deshalb nicht umhin, schmerzhafte Fragen an meine eigene Institution zu stellen.

Denn manchmal verstehe ich nicht, warum ausgerechnet unsere Kirche solche furchtbaren Dinge gemacht oder zugelassen hat, die sich wie eine Spur der Verwüstung durch die zwei Jahrtausende ihrer Geschichte ziehen: Verfolgungen, Intrigen, Spaltungen, Kreuzzüge, die Verfolgung der Ketzer, Kolonialisierungen mit Schwert und Kreuz, die Unterstützung des Sklavenhandels, die Verdammung der Menschen jüdischen Glaubens, der brutale Umgang mit Kindern in Heimen, Hexenverbrennungen und Hexenwahn, das Schweigen zu den menschenverachtenden, industriell organisierten Morden der Nationalsozialisten, die missachtende Behandlung lediger Mütter, die brutale Ausgrenzung von Homosexuellen und Andersdenkenden, die Unterdrückung von Wahrheit und Wissenschaft – all diese Ereignisse seien an dieser Stelle ohne historische Ordnung zitiert.

Es hat keinen Zweck, um den heißen Brei herumzureden – was wiederum ein weiteres schönes Beispiel für die Bedeutungsmacht des deutschen Sprichwortes ist: Die Kirche hat sich in ihrer Geschichte selten als barmherzig erwiesen. Im Gegenteil: Intoleranz und Gewalttätigkeit, Machthunger und Skrupellosigkeit begleiten die Amtskirche seit vielen Jahrhunderten, auch wenn Ausnahmen vorhanden sind *(vgl. Josef Dirnbeck, Die Inquisition, München 2001).* Man muss nicht den Ämterkauf des Borgia-Papstes Alexander IV. bemühen – Sex und Crime gab es auch zu anderen Zeiten hinter den Mauern der Papst-Paläste. Ja, ein deutscher Autor hat sich sogar in seinem Lebenswerk der Aufgabe verschrieben, eine umfangreiche »Kriminalgeschichte des Christentums« zu verfassen. Mitunter gipfelt Kritik an der Kirche in dem plakativen Vorwurf an die Kirche, die »größte Verbrecherorganisation der Geschichte« zu sein.

Ich gebe zu: Die Kirche war beileibe nur selten genug barmherzig. Aber mit Verlaub: Da ich dieser vermeintlichen »Verbrecherorganisation« seit vielen Jahrzehnten angehöre, möchte ich an dieser Stelle doch gern einmal meine Stimme erheben, aufstehen und ausrufen: »Einspruch, Euer Ehren!«

Nein, die Kirche ist keine Verbrecherorganisation. Eine solche Pauschalbehauptung ist absurd. Ein deutscher Pastoraltheologe hat einmal vor dreißig Jahren in einer Diskussion genau in dieser Frage augenzwinkernd angemerkt: »Allein die Tatsache, dass die Kirche trotz ihres mannigfachen Versagens und ungezählter Verbrechen bis jetzt zweitausend Jahre alt geworden ist, muss ein Hinweis sein auf ihren göttlichen Ursprung!« Das kann man so sehen, wenn man will.

Dennoch muss man mit Blick auf die Frage der Barmherzigkeit, die Jesus predigt und die Gott als Schöpfer und Urgrund alles Seins immer wieder zugeschrieben wird, kritische Fragen zum Verhalten der Kirche stellen. Tatsache ist: Die Kirche ist nicht immer barmherzig. Ja, sie geht manchmal gerade mit ihren Gläubigen, aber auch den Priestern, Nonnen und mit den in der Kirche tätigen weltlichen Arbeitnehmern unbarmherzig um.

Das spezielle Arbeitsrecht der Kirchen sorgt dafür, dass auch die Arbeitnehmerrechte schnell eingeschränkt werden können. Beispiele aus dem Alltag:

Eine Einrichtung der Kirche erfährt davon, dass eine ihrer Schwesternschülerinnen in ihrer persönlichen Verzweiflung vor zwei Jahren eine Abtreibung vorgenommen hat. Bis vor einigen Jahren konnte das für sie den Rausschmiss bedeuten.

Eine verdiente langjährige Erzieherin im katholischen Kindergarten wird geschieden. Das konnte den Job kosten.

Und erst recht gilt das, wenn diese Erzieherin sich auch noch anmaßen sollte, nach einigen Jahren nochmals den Schritt zu wagen und eine neue Ehe einzugehen. Das konnte für sie sehr kritisch werden, bis hin zum Ausschluss vom Empfang der heiligen Kommunion. Zum Glück hat die Deutsche Bischofskonferenz 2016 eine mutige und befreiende Entscheidung getroffen – dank Papst Franziskus, der die Richtung empfohlen hat. Die Barmherzigkeit zeigt: Nun muss sich jeder auf sein Gewissen berufen.

. . . . .

Das Beispiel Jesu macht Mut. Jesus speiste bei den Zöllnern und Dirnen, verteidigte die Ehebrecherin gegen scheinheilige Beschuldigung, rettete sie damit vor der Steinigung und half jedem Menschen, der ihn darum bat, ganz gleich welcher Herkunft und welchen Standes er war. Das war barmherzig. Das ist der Weg unserer Kirche, will sie eine Kirche Jesu Christi bleiben.

Es sind also nicht die Regeln, die sich die Kirche selbst im Lauf der Jahrhunderte gegeben hat, die als bloßes Menschenwerk den Maßstab des Christentums angeben dürfen. Nein: Das dürfen nur die göttlichen Regeln und Gebote, so wie wir sie von Jesus selbst aus der Bibel erfahren können.

Die Einsicht ist hart, aber gerechtfertigt: Die katholische Kirche hat sich zu lange als Machtapparat verstanden. Die ursprüngliche Hierarchie der Kirche scheint mir nach knapp 2000 Jahren auf den Kopf gestellt zu sein. Deshalb stehen auch ihre Werte auf dem Kopf. Wir müssen diese ursprünglichen barmherzigen Werte des Glaubens und des Christentums endlich wieder vom Kopf auf die Füße stellen. Und die ganze damit gewachsene Hierarchie gleich mit dazu. Denn es geht beim Glauben allein um Gott und die Menschen. Und nicht um Macht oder menschliche Hierarchien.

Dabei wäre alles so einfach: Die Kirche hat doch so viele Möglichkeiten, ihre Barmherzigkeit zu zeigen.

Wie einfach wäre es, dem Beispiel Jesu nachzufolgen und im wahrsten Sinn des Wortes herzlich zu handeln! Beispiele dafür gibt es genug. In der Pastoral darf etwa ein ehemaliger und nun verheirateter Priester nicht mehr tätig sein. Solche ehemaligen Mitbrüder sind ein Opfer der Unbarmherzigkeit der Kirche. Denn die Kirche hätte genügend Wege der Milde und Barmherzigkeit einschlagen können, z. B. die Beteiligung dieser kompetenten Christen am Leben der Kirchengemeinde durch deren Mitwirkung bei der Sakramentenvorbereitung oder manch anderer stärkenden Aufgabe innerhalb einer Gemeinde.

Diese Kritik gilt vor allem dann, wenn man sich anschaut, wie Jesus selbst vor 2000 Jahren gehandelt hat. Er nämlich hat gerade solche Menschen zum Apostel-Amt eingeladen und zugelassen, die verheiratet waren und eine Familie hatten. Glaubt man den historischen Quellen, so waren alle Apostel bis auf einen – Johannes – verheiratet. Jesus hat sie ausdrücklich zu seinen Bischöfen gemacht. Dass sie Frau und Kinder hatten, hat ihn nicht gestört – im Gegenteil.

Erst aus ökonomischen Gründen wurde der Zölibat Jahrhunderte später von der Amtskirche eingeführt. Es ging damals um die Erbschaften der Priester. Die Kirche wollte reich werden – und das konnte sie nach damals vorherrschender Meinung nicht, wenn die Frauen der Priester alles erbten.

Doch dies Argument zog nur kurze Zeit. Denn die Bischöfe mussten bald einsehen, dass das ökonomische Motiv nicht sonderlich geschickt war in der Außenwirkung der Kirche. Als sie dies bemerkten, haben sie anders argumentiert: Der Pfarrer möge unverheiratet und ohne Partner bleiben, damit er frei für seine ganze Gemeinde bleiben könne. Keine Ablenkung durch weltliche und profane Fragen wie nach Frau, Kindern und Familie sollte möglich sein. Dass man den Priestern damit etwas ganz anderes nahm, wollen wir in einem der folgenden Kapitel näher beleuchten.

Nur eine entscheidende Frage sei an dieser Stelle gestellt: Wo hat Jesus jemals vom priesterlichen Zölibat gesprochen? Die Antwort lautet: Nirgendwo in der Bibel steht etwas davon, dass Priester ehelos bleiben müssten. An keiner Stelle.

Und dennoch gilt der Zölibat heute noch als das Bollwerk eines erzkonservativen Kirchendenkens in der heiligen römischen Kirche. Ist das barmherzig, ist das liebend für die Kirche selbst – und ihre Priester?

· · · · ·

Wie könnte eine barmherzige Kirche aussehen? Wenn eine Mutter mit ihrem Kind spazieren geht und das Kind fällt, tut die Mutter zunächst einmal alles, den Schaden zu begrenzen und das aufgeregte Kind, das vielleicht gerade vom Roller gestürzt ist, zu beruhigen. Sie versucht, ihr Kind aufzufangen, nimmt es in den Arm, pustet auf die Schürfwunde, streichelt, tröstet, singt vielleicht sogar einen kleinen Trostvers.

Was eine gute Mutter allerdings bestimmt nicht als Erstes in einer solchen Situation macht: Sie fängt nicht erst einmal an, zu tadeln und Vorwürfe zu machen, sondern sie hebt das Kind auf und versucht es zu trösten. Das ist Barmherzigkeit. Danach können natürlich ein paar

Hinweise an das Kind erfolgen, achtsamer mit dem Roller zu fahren, Gefahren zu vermeiden, um in Zukunft solche Unfälle zu vermeiden und es besser zu machen. Eine Reaktion in dieser Reihenfolge ist absolut in Ordnung.

Natürlich gibt es auch jene Art von Müttern, die ganz und gar nicht so mütterlich handeln, ihr Kind missachten, in seinem Schmerz alleinlassen oder, schlimmer, es noch im Moment des Schmerzes zusätzlich niedermachen: »Hab ich es dir nicht gleich gesagt! Immer musst du alles falsch machen! Das hast du nun davon ...« Eine schreckliche Vorstellung!

Doch seien wir ehrlich: Was die Kirche oft getan hat und manchmal immer noch tut, war nicht durchweg im besten Sinne mütterlich. Barmherzigkeit und Milde einer Mutter gehören zusammen: Wie eine Mutter, die die Fehler ihrer Kinder liebevoll korrigiert, so sollte eigentlich die Kirche als unsere »Mutterkirche« immer mehr werden und bleiben. Sie wird, wenn sie ihre Kinder liebt, ihnen stets sagen, was richtig oder falsch ist. Aber sie verstößt ihre Kinder nicht.

· · · · ·

Wir haben nun in unserer katholischen Kirche leider immer wieder gegen die Barmherzigkeit verstoßen. Nicht nur im alltäglichen Miteinander, sondern auch in der großen Politik.

Das Beispiel Kreuzzüge: Die heiligen Stätten mussten wir nicht mit Gewalt verteidigen. Wenn Gott es wirklich gewollt hätte, dass eine Kreuz-Flagge über Jerusalem hätte wehen sollen, dann hätte er das schon selbst irgendwie in die Hand genommen. Und garantiert mit mehr Erfolg als die Kreuzfahrer.

117

Die Paradoxie des Christentums lautet: Wir haben das vergessen, was Barmherzigkeit bedeutet. Im Gegenteil: Wir sind mit Schwertern ausgezogen und haben mit Gewalt die Gewaltfreiheit erzwingen wollen.

Beispiel Hexenverbrennung: Jesus hat stets klargestellt: Verurteilt niemanden! Warum haben wir diese seine Worte in jenen Jahrhunderten der Unvernunft und des Aberglaubens nicht mehr gehört und nicht mehr gelesen? Mir drängt sich bei historischer Lektüre immer wieder das fatale Bild auf: Ständig ist die Kirche in der Geschichte ein Meister gewesen, wenn es um das Verurteilen ging. Nur selten ein Meister aber, wenn es darum ging, die Verfemten zu schützen und in Barmherzigkeit zu bergen.

Beispiel missbrauchte Kinder: ein furchtbares Kapitel selbst noch in unserer jüngsten Geschichte. Wir haben das Bild von Jesus vergessen, der sagte: »Lasset die Kinder zu mir kommen« *(Matthäus 10, 13-16)*. Dann nahm er sie auf und segnete sie. Statt die Kinder zu missbrauchen, müssen wir sie bei uns aufnehmen und segnen und für sie das Gute tun! Wir müssen gerade die Schutzbedürftigsten, die Kinder, aufnehmen und segnen – denn Jesus gibt ihnen, den Kindern, eine besondere Rolle: Er hat sie unter den Schutz Gottes gestellt. Er hat ihnen das Beste gegeben, ihnen Gutes getan.

Doch was hat die Kirche getan? Sie hat über Jahrzehnte hin weggeschaut. Es gibt Menschen unter uns, die haben in manchen Heimen vom guten Hirten gepredigt und sind als Wölfe in die Herde der ihnen anvertrauten Kinder eingefallen – anstatt sie zu segnen, sie zu schützen und aufzunehmen.

Wir sind leider, mindestens teilweise, keine zuhörende Kirche, keine bergende Kirche, keine tröstende Kirche. Schade.

Aber Bruder Franziskus bringt Hoffnung! Gott sei Dank!

. . . . .

Jesus hat die Sünder nicht verstoßen. Im Gegenteil: Wie uns das Neue Testament berichtet, hat Jesus fast alle gesellschaftlichen Grenzen in Frage gestellt. Er spricht mit fremden Frauen am Brunnen. Er diskutiert mit einer Prostituierten und lässt sich auch von einer Prostituierten mit Parfüm salben. Er isst mit den im Volk verhassten und verfemten Zöllnern. Er nimmt sich der Armen und der Kinder an. Wie geht die katholische Kirche mit Menschen um, die gefehlt haben? Oder die es wagen, einige Dogmen der Kirche in Frage zu stellen?

Nein, die Kirche ist noch nicht barmherzig genug. Weder zu den Menschen, die ihr dienen, noch zu denen, die ihr als Gläubige folgen sollen. Schauen wir etwa auf die Menschen, die es im Dienst der Kirche nicht mehr angehalten und die – oft nach schweren inneren Gewissenskämpfen – ihre Entscheidung gefällt haben, nicht mehr Priester oder Nonnen sein oder werden zu wollen. Sie bitten dann darum, sie von ihren Ämtern und Gelöbnissen zu entbinden. So weit, so einfach.

Doch in der Praxis sah das bis vor kurzem anders aus. Es hat ewig gedauert, bis die Kirche die Entpflichtung aussprach. Vor allem Johannes Paul II. hat sich in solchen Fragen, wie Brüder und Schwestern der Kirche berichten, immer sehr viel Zeit gelassen. Eine unbarmherzige Zeit! Hat sie doch die Menschen, die in dieser Phase ihres Lebens meist in extremen Gewissensnöten standen, auf eine unnötige Folter gespannt. Aber der Papst ist heilig geworden; das gibt zumindest für uns die Hoffnung: Er wird für uns direkt bei Jesus eintreten.

Ich will es noch deutlicher fassen: Viele, die die Macht dieser Institution besitzen, versuchen immer noch, gegen Jesus und seine ursprüngliche Lehre diese Kirche zu führen. Die menschliche Weltanschauung hat die Kirche von Jesu Pfad entfernt.

Ein einfaches Beispiel kann das illustrieren: Wir können als Kirche nicht jahrzehntelang wegen des Mangels an Geistlichen jammern und im Gebet immer wieder inbrünstig um Priester bitten – und dann dabei diejenigen möglichen Anwärter, die etwa wie die frühen Apostel Christi verheiratet sind und das Amt gern anstreben würden, einfach nicht wollen. Wer so widersprüchlich denkt, ist Gott fern! Benennen wir unser Problem ohne Scheuklappen: Der Priestermangel, der die Kirche plagt, ist hausgemacht. Wir können tausend Jahre anbeten gegen diesen Priestermangel: Es wird nichts, aber auch gar nichts nutzen, solange wir nicht dem Beispiel Jesu folgen und fröhliche Barmherzigkeit auch gegenüber den Dienern Gottes innerhalb der Kirche walten lassen. Und Jesus treu bleiben, statt ihm den Rücken zu kehren. Schließlich hat Jesus selbst einmal gesagt: »Ich habe euch ein Beispiel gegeben ...« Das gilt auch in diesem Fall.

Ein Lichtblick wenigstens lässt sich unter dem neuen Papst feststellen. Er ist wahrhaftig ein Pontifex, ein »Brückenbauer«, wie das lateinische Wort feststellt. Es scheint nach Aussagen von Beobachtern wirklich so zu sein: Papst Franziskus entbindet deutlich schneller von den Gelöbnissen, als seine Vorgänger das jemals taten. Ein Hoffnungsschimmer. Und vielleicht ein Hinweis darauf, dass die Seelennöte derjenigen, die solche radikalen Wandlungen in ihrem Lebenslauf durchleben und durchleiden, endlich einmal in der Zentrale der katholischen Kirche wahrgenommen werden.

· · · · ·

Barmherzigkeit: Welche Wohltat! Langsam, so steht zu hoffen, werden die Priester in der Kirche als Individuen wahrgenommen und gehört – wenigstens ein bisschen. Das gibt Hoffnung. Denn Kirche ist vielfältig und »Ecclesia semper reformanda« – die Kirche muss sich immer wieder erneuern. Im Erzbistum München wirken mittlerweile Priesterseelsorger, die das Gespräch mit den Amtsbrüdern suchen. In diesem Sinn werden die Geistlichen also schon besser gehört als in den Jahrzehnten zuvor.

In Regensburg allerdings wurden vor einigen Jahren mehrere Theologen aufgefordert, ihre Meinung rückgängig zu machen, die sie öffentlich zu einer Entscheidung des damaligen Papstes geäußert hatten. Ein anderer Bruder, der sich in Glaubensfragen öffentlich geäußert hatte, wurde von der Kirchenleitung eines anderen Bistums unter erheblichen Druck gesetzt: Man hat ihm in letzter Konsequenz sogar seinen Lohn gekürzt! Mit solchen Methoden lässt sich Barmherzigkeit wahrlich schlecht vereinbaren.

Auch die Gläubigen selbst haben über Jahrhunderte hinweg oft eine unbarmherzige Kirche erleben müssen. **121**

Eines der wichtigsten Beispiele ist der Umgang mit der Beichte. »Beicht macht leicht!« So heißt ein Sprichwort im Bayerischen, was ja zutreffender nichts anderes bedeutet als: Eine Beichte, richtig angewendet, ausgesprochen und mit entsprechender Absolution versehen, kann für die seelische Gesundheit des Gläubigen sorgen und ihn von psychischen Belastungen befreien. So war dies Sakrament ursprünglich auch einmal gedacht: den Weg zurückzufinden in die Gemeinschaft der Gläubigen und zu Gott, für diejenigen, die sich schwerer Verfehlungen schuldig gemacht hatten.

Schaue ich mich in der Geschichte der Kirche und der Seelsorge um, sehe ich: Manche der Priester, die diesen Dienst ausgeübt haben, waren offensichtlich ein bisschen zu autoritätssüchtig. Sie haben die Grenzen ihres Amtes überschritten, indem sie die Beichte zu einem Herrschaftsinstrument umfunktioniert haben. Daraus entstand in manchen Kirchen ein System der Angst, oft sogar der öffentlichen Demütigung. Mit Hilfe von Beichte und Ablass hat die Kirche vor Jahrhunderten versucht, die Macht über die Gläubigen in einem unmenschlichen Ausmaß auszuweiten.

Aber das geht nicht. Das führte zu absurden Konstruktionen. Für die Beichte gibt es Beispiele aus der Geschichte, die merkwürdige Versuche belegen, die Gnade Gottes ökonomisch zu verwalten. Das geschah etwa nach der Rechnung – so viele Sünden, so viele Schläge öffentlich vor der Kirche.

Auch hier zeigte sich wieder das bittere Abrücken von der eigentlichen Botschaft Gottes, die die Kirche in all den Jahrhunderten vollzogen hat. Denn erinnern wir uns: Verzeihung ist eine der sieben geistigen Tugenden der Barmherzigkeit. Und diese soll selbst dann erteilt werden, wenn uns die Person besonders unsympathisch ist.

Noch heute gilt für die praktische Seelsorge der Grundsatz für jedes Beichtgespräch: In der Regel wird jedem, der ernsthaft danach sucht, die Vergebung erteilt. Dies gilt nur für einen Fall nicht: wenn der Sünder keine Reue zeigt und sich ausdrücklich nicht ändern will. Das aber wäre ja sowieso die Verweigerung der Grundlage jedes Beichtaktes.

Ansonsten gilt für katholische Priester: Eine Absolution zu verweigern ist unbarmherzig.

· · · · ·

Wer weiß, dass man im Leben scheitern kann, darf nicht unbarmherzig reagieren. Das sollten wir als Christen eigentlich meinen. Und auch so praktizieren. Doch wie steht es um die gelebte Praxis? Als Priester wurde ich bis vor kurzem dazu angehalten, keine mir bekannten Geschiedenen und Wiederverheirateten zum Sakrament der Kommunion zuzulassen. Eine fatale Unbarmherzigkeit! Denn bei den geschiedenen und wiederverheirateten Christen haben wir uns, folgen wir dieser starren Regel, nicht das Innere, sondern nur das Äußere angeschaut. Dabei hat meine Kirche das Amt eines Richters übernommen, welche Anmaßung! Denn es heißt bei Jesus: »Verurteilt nicht …« (*Lukas 6,37*).

Denn wer solche starren Regeln setzt, vergisst, dass das Leben kein Ponyhof ist. Es folgen vielmehr ständig Phasen des Auf und Ab aufeinander, wie das vor einem knappen Jahrhundert ein lebenserfahrener Mann formuliert hat. *Winston Churchill* – befragt nach seiner Lebensmaxime – gab den denkwürdigen Satz zu Protokoll: »Du musst einmal mehr aufstehen als hinfallen.« Dieser Satz kann nur für einen Menschen gelten, der nicht verzagt. Der nicht stehenbleibt. Der sich nicht in Selbstmitleid verliert, wenn er sich an einer Stelle seines Lebens einem Scheitern und einem Misserfolg gegenübersieht.

Dieser Satz gilt für einen Menschen, der sich nach dem Sturz erhebt, den Staub von Hose und Jacke abklopft und sich und seinen Mitmenschen die Botschaft gibt: Wir versuchen es noch einmal!

Das Verweigern eines Neuanfangs, die dogmatische Verdammung des Gescheiterten, die Ablehnung der neuen Chance: Das sind Signale von einem anderen Gottesbild als von dem Bild des barmherzigen und liebenden Vaters Jesu Christi. Ein anderes Gottesbild zu verkünden und zu vertreten ist nicht einfach.

Das weiß auch ein Papst wie Franziskus nur zu genau. Die Geburtsstunde eines Kindes wird über neun Monate vorbereitet. Hauptsache, das Kind kommt dann gesund und glücklich zur Welt.

Genau das wünsche ich Papst Franziskus: Zeit und Muße und Kraft für die Verwandlung der Kirche in eine barmherzige »Mutterkirche«. Seine Versuche sind spürbar.

Aber 2000 Jahre abendländischer Tradition wiegen schwer. Die Kräfte der Reaktion sind mächtig in der Kirche. Und wenn sich noch so viele Laien aufmachen, um eine Kirche von unten zu befördern oder den Laien oder Frauen mehr längst überfällige Rechte in der Amtskirche zu verschaffen, stelle ich nach vielen

Jahrzehnten kirchlichen Amtes fest – gerade für die

Amtskirche gilt bis heute der Satz: Barmherzigkeit
braucht Zeit.

· · · · ·

Barmherzigkeit ist kein Zeichen der Schwäche – wie
manche Menschen versuchen, uns glauben zu machen.
Nein, wir alle, die wir Empathie empfinden können,
Mitleid und Barmherzigkeit, wissen, wie positiv diese
ureigenste Regung des menschlichen Miteinanders ist.
Übrigens zeigt uns die Verhaltensforschung, dass viele
Tiere und sogar Pflanzen die Fähigkeit besitzen, das
Empfinden eines anderen Wesens derselben Spezies
wahrzunehmen und darauf zu reagieren. Affen trösten
ihre traurigen Artgenossen, Wölfe trauern um ihre ver-
storbenen Rudelmitglieder, Wale und Delphine helfen
verletzten oder kranken Artgenossen, zum Atmen an
die Wasseroberfläche zu kommen. Die Barmherzigkeit,
so scheint es mir, ist in der Natur angelegt. Es gibt also
jenseits der Ideologie, dass der Mensch dem Menschen
ein Wolf sei, jenseits der Regel des »Überlebens des
Stärkeren«, des Darwin'schen Gesetzes vom Kampf
jeder gegen jeden, eine andere Erzählung in unserer
Natur.

Diese andere Erzählung scheint noch etwas zu ah-
nen vom Paradies, dem Goldenen Zeitalter der Grie-
chen, dem lange vergangenen Reich der Harmonie,
nach dem wir uns – Hand aufs Herz! – doch alle noch im
Innersten unseres Herzens sehnen. Nein, Barmherzigkeit ist keine Schwäche: Sie ist ein Teil unserer Natur.
Und beweist uns, wenn wir sie beweisen, unsere Stärke.

Doch machen wir uns nichts vor: Diese Stärke der
Barmherzigkeit scheint nicht mehr viel zu zählen. In un-

serer Gesellschaft erobern sich das Faustrecht des Stärkeren, die Coolness des Abgebrühten, die Faszination des Gewalttätigen immer mehr Raum. So, wenn etwa eine junge Frau von einem Gewalttäter auf offener Straße zu Tode geprügelt wird – nur weil sie sich barmherzig zeigte und einschritt, als andere, jüngere Mädchen von diesem Schläger belästigt wurden. Ihre Barmherzigkeit brachte ihr den Tod. Der deutsche Innenminister spricht angesichts solcher und ähnlicher Taten von einer »zunehmenden Verrohung der Gesellschaft«.

Gerade deshalb wäre die Besinnung auf das Wesen der Barmherzigkeit, so wie Jesus sie uns vorgelebt hat, so wertvoll: als Beispiel für eine Welt, in der solch ein Wert und eine solche Tugend wieder an Kraft und Wichtigkeit gewinnen.

· · · · ·

Können wir als Kirche uns anmaßen, mehr Barmherzigkeit zu verlangen? Und das in einer Gesellschaft, die sich immer mehr entchristlicht? In den neuen Bundesländern gibt es Landstriche, in denen nur noch jeder Zwanzigste sich zu einer der christlichen Kirchen bekennt.

Das ist das eine Problem – der Rückgang der Zahl der Gläubigen. Das zweite erscheint mir noch wichtiger: Welches Recht hätten wir denn noch als Institution, würden wir selbst dieses Gebot der Nächstenliebe immer wieder von Neuem verletzen?

Es bleibt die Frage der Glaubwürdigkeit, die uns in diesem Zusammenhang umtreibt.

Meiner Meinung nach kann es nur einen Ausweg geben, solange dogmatische Regeln den Weg zu einer barmherzigen Handlungsweise der Institution verstellen: Jeder Einzelne von uns, Schwester und Bruder in Christus, soll für sich Zeugnis ablegen von dieser Barmherzigkeit in Worten, Gesten und Taten. Wenn die Kirche gleich einem Achtunddreißigtonner-Lastwagen im Schneckengang die Überholspur versperrt, muss es Christen erlaubt sein, dem eigenen Gewissen zu folgen. Die lobenswerte Geste der Befreiung haben unsere Bischöfe in Deutschland vollzogen. Danke – und bitte weiter so!

Kardinal *Walter Kasper* sagte vor einiger Zeit in einem Interview mit der Wochenzeitung *DIE ZEIT* viele wichtige Sätze über die Barmherzigkeit. Über dieses Thema hat er ein Buch verfasst, aus dem Papst Franziskus in seiner Antrittsrede zitierte. Kasper betrachtet die Begriffe »Gerechtigkeit« und »Barmherzigkeit« im Zusammenhang und stellt fest, dass Gerechtigkeit nicht beliebig sein könne. Als Grundlage gesellschaftlichen Zusammenlebens müsse der Staat in Form einer Rechtspflicht dafür sorgen, dass es so etwas wie Gerechtigkeit gebe. Gerechtigkeit gebe es auch im Christentum.

Und dann sagt Kasper den schönen Satz: »Der Gedanke aber, dass man freiwillig hilft, macht die Welt erst schön und angenehm. Man gibt aus Freude. Man gibt über Gebühr. Nicht nur Geld, auch Liebenswürdigkeit. Das fehlt in einer Gesellschaft, die nur nach Gerechtigkeit trachtet.«

KAPITEL 6

WAS, WENN PRIESTER HEIRATEN DÜRFTEN WIE DIE APOSTEL?

In meinem Dorf war es üblich zu heiraten. Das heißt: Im Lebensmodell unseres Stammes war es vorgesehen, dass Mann und Frau zueinander gehören sollten, miteinander leben, Kinder bekommen und aufziehen sollten. Das war in unserem Stamm die Blaupause des menschlichen Glücks. Es gehörte sich eben so, auf diese Weise zu leben. In Frage gestellt wurde das – jedenfalls in meiner Kindheit – niemals. Das Leben war so gesehen einfach.

Doch natürlich gab es auch damals schon Menschen, die diesem Lebensmodell nicht folgten. Das waren jene Männer oder Frauen, die – aus welchen Gründen auch immer – allein leben wollten oder mussten. Damit waren sie aber nicht unbedingt Außenseiter für uns, sondern Menschen, denen man Nachsicht angedeihen lassen musste. Sie galten in unserem Menschenbild als Benachteiligte, als Menschen, die Pech gehabt hatten, als Mitmenschen, denen man Freundlichkeit, Nachsicht und Wertschätzung entgegenzubringen hatte.

Denn natürlich war mir damals als Kind wie selbstverständlich eines klar: Was konnten diese Menschen anders sein als unglücklich, wenn sie alleine lebten? Wenn sie ohne Brüder und Schwestern, Mutter und Vater, Onkel und Tanten in einer Hütte hausten? Dann – so fühlte ich – hatten sie doch gar keinen, mit dem sie reden konnten, oder?

Hatten wir doch unsere große Familie: mit meinen Eltern, meinen Geschwistern, zahllosen Onkeln, Tanten, Neffen, dazu die Großeltern und Großonkel und -tanten: Es war für mich meine Kindheit hindurch ein herrliches Gefühl, die Familie um mich herum zu fühlen. Die Familie, das war wie ein Schutzwall gegen alle Gefahren von außen. Familie bedeutet Geborgenheit, Nähe, immer einen Gesprächspartner zu finden, der einem zuhört. Vertraut sein zu jeder Zeit, wann immer ich es brauchte. Und vor allem Schutz gegen eine Gefahr, die sich mittlerweile als eine der größten der Gegenwart in unserer modernen, westlichen Gesellschaft herausstellt, wie ich nicht nur als Seelsorger, sondern auch als Psychopädagoge immer wieder von Neuem erfahren kann: ein Schutz gegen die Gefahr der Einsamkeit.

• • • • •

»Herr Pfarrer, sind Sie eigentlich nicht manchmal ziemlich alleine?« »Warum?«, fragte ich den Firmling zurück, der mir bei der Vorbereitung auf das Sakrament eines Tages ganz spontan diese Frage gestellt hatte. Ich stutzte, schwieg einen Augenblick und wartete auf seine Antwort. Die kam prompt: »Sie haben doch keine Frau und keine Kinder, oder?« Ich lächelte und schüttelte den Kopf. »Nein, ich habe keine Frau und keine Kinder.«

Und dann merkte ich wieder einmal diesen Stich in der Brust, den ich schon seit vielen Jahren als katholischer Priester immer wieder fühle: »Du hast keine Frau und keine Kinder! Du hast nie ein Kind von einer Frau und dir in den Armen gewiegt! Ja: Du hast deine Berufung – aber auf der Welt, in der du tagtäglich versuchst zu wirken, zu predigen, zu helfen, bist du ziemlich einsam!«

Ich dachte weiter und merkte, dass ich in die Gefahr geriet, mich mit meiner Antwort zu verlieren. Und dann antwortete ich zögernd auf die aufmerksame **131**

Frage des Jungen: »Du hast schon recht: Manchmal bin ich ziemlich einsam!«

· · · · ·

Ich stelle mir bei diesem Thema immer wieder die Frage: Wann wäre die Kirche ihrem Gründer wohl am besten treu? Die Antwort scheint mir einfach: sicherlich dann, wenn sie sich auch in dieser Frage am Beispiel Jesu orientiert. Schauen wir in die Quellen: Sie sagen uns, was Jesus wirklich meinte, wenn er keine Scheu hatte, Männer und Frauen, verheiratete und unverheiratete Menschen gleichermaßen um sich zu scharen *(Matthäus 9,10; Markus 2,15; Lukas 5,29; 6,17; 19,37; Johannes 4,41f.).*

Halten wir die Grundlagen, die uns das Neue Testament in seinen verschiedenen Fassungen gibt, einmal fest. Tatsache ist: Jesus wollte sowohl Verheiratete als auch Unverheiratete um sich herum haben. Es war ihm egal, ob jemand aus seinem Kreis verheiratet war oder nicht. Erstaunlich ist sogar die Zahl verheirateter Männer, die er in seinen Apostelkreis berief. Nur ein einziger von ihnen, so berichtet die Überlieferung, war nicht verheiratet.

Dies legt den Schluss nahe, dass Jesus mit seinen Berufungen vielleicht sogar ausdrücklich den Wert einer ehelichen Bindung für die Arbeit und das gemeinschaftliche Leben betonen wollte. Die Ehe als Lebensvorbild für die Mitglieder der Kirche? Eine charmante Idee, scheint mir.

Denn der Gründer hat damit auch einen Grundstein für seine Jünger gelegt. Was aber tut die Kirche? Sie sagt: »Nein, diesen Grundstein behalten wir nicht!«

Hier zeigt sich der Hochmut bestimmter Kreise in der Kirche: Beweist diese nicht mit ihrem rigiden Dogmatismus eine Untreue zum Geist des Gründers? Das darf doch eigentlich nicht sein.

· · · · ·

Wem gehört die Kirche? Gehört sie den Würdenträgern und Prälaten, Kardinälen und Bischöfen, den Mitgliedern von Glaubenskongregationen, die meist im Geheimen in vatikanischen Hinterzimmern zu tagen pflegen und glauben, über die allein seligmachende Doktrin eines Christenlebens verfügen zu dürfen?

Es ist an der Zeit festzustellen: Die Kirche gehört nicht mehr diesem Club älterer Herren, die das Glück eines praktischen Lebensvollzugs im guten Zusammenleben von Mann, Frau, Kindern und Familie als Erwachsene nie erlebt haben. Und deshalb auch keinen Funken von Gespür dafür haben, welch elementare Lebensfreude von einem menschlichen Zusammenleben im Familienverbund ausgeht. Wie es Sicherheit, Geborgenheit, Freude, Lust und Identität vermittelt. Wie es erfreut und tröstet, erhebt und zusammenschweißt.

Wer das in der Kirche weiß: Das sind die Millionen von Laien in aller Welt, die das Familienmodell leben und lieben, tagtäglich vollziehen und damit die Summe eines großen Glücks produzieren. Das ist das Volk Gottes, das in allen Erdteilen jeden Tag Leben lebt und fühlbar macht.

Und ausgerechnet diejenigen Menschen, die die Frohe Botschaft verkünden, die das Wort der Liebe verbreiten, Patres und Priester, sollen mit aller Konsequenz vor diesem Lebensmodell des Lebensglücks beschützt werden?

Der priesterliche Zölibat ist eine Erfindung von Menschen. Gott hat darauf kein Patent angemeldet. Das zeigt uns ein Blick in die Heilige Schrift. Schon im ersten Buch der Genesis heißt es: »Es ist nicht gut, dass der Mensch alleine sei!« *(Genesis 1,18)* Der Gedanke von Frau und Mann als Partnern, als sich Ergänzenden, durchzieht die Natur und das Leben der Schöpfung.

Im Gedanken an die Rolle der Barmherzigkeit sind uns schon einige Aspekte dieser Frage begegnet. Meine Vision von einer Kirche von morgen will auch hier die Kirche wieder vom Kopf auf die Füße stellen. Es stellt sich die Frage: Kann es sein, dass eine Handvoll Dogmatiker, dem wirklichen Leben mit seinen vielfältigen Freuden und Leiden komplett entfremdet, anhand einer abstrakten, von Menschen gesetzten Regel ein ganzes Kirchenvolk von seinen natürlichen Wurzeln abschneiden darf? Meine Antwort darauf lautet: Nein.

• • • • •

Nur der Gründer der Kirche darf über einen solchen Grundstein bestimmen. Jesus darf es deshalb, weil er die Verfassung der Kirche geschaffen hat. Wer diese Verfassung ändert, ändert die Kirche in ihrem Wesen. Zumal in einer so wichtigen Frage wie der des Zölibats. Jeder Mensch, der Jesu Botschaft nachfolgt, weiß: Nur das, was Gott sagt und tut, ist ein für alle Mal beschlossen: Hingegen hat alles, was Menschen beschließen, einen eingeschränkten Charakter. Denn der Mensch ist ein eingeschränktes Wesen. Deshalb muss auch eine solche dogmatisch begründete Regel revidierbar sein!

Dies gilt umso mehr, als es eine Menge guter Gründe dafür gibt, die erzwungene Ehelosigkeit der Priester gründlich zu überdenken. Die wichtigsten Gründe für ein Überprüfen der dogmatisch gehandhabten Regel sind die folgenden:

· · · · ·

Grund Nummer eins: Das Nicht-Heiraten hat Jesus nicht für seine Priester, die Apostel, empfohlen. Sondern nur für diejenigen seiner Anhänger, die perfekt sein wollten für das Himmelreich. Dies entspricht etwa der Aufforderung an den Jüngling, der Jesus wild entschlossen folgen will und von ihm die Ratschläge erbittet, die ihn schnurstracks ins Himmelreich führen sollen. Für die Hundertfünfzigprozentigen, die sich ganz der Kontemplation und der Verehrung hingeben möchten, mag das ein guter Ratschlag sein. Für alle anderen gilt: Ihr müsst euch nicht durch einen Eheverzicht künstlich kasteien!

Die Tatsache, dass es kein Zölibats-Gebot für Priester im ganzen Neuen Testament gibt, wird gern von Theologen der Amtskirche übersehen. Und besonders gerne in den Diskussionen – wenn es denn solche dazu überhaupt gibt. Wie dogmatisch die Kurie diese Frage besetzt, zeigt sich am innerkirchlichen Umgang: So beendete ein Kardinal der Deutschen Kurie eine der letzten Diskussionen über das Thema mit dem Satz: »Darüber redet man nicht mehr!«

· · · · ·

Grund Nummer zwei: Verheiratete Priester wären dem konkreten Leben aller anderen Gläubigen näher. Sie könnten deshalb auch in vielen alltäglichen Fragen und

Problemen der Seelsorge anders reagieren. Ihre eigene, erweiterte Lebenserfahrung ließe sie auf authentische Weise in der Gesellschaft wirken.

Warum gehen wir nicht noch einen Schritt weiter in die Welt? Nicht nur heiraten und Kinder bekommen zu können, sollte ein Merkmal der Priester der Zukunft sein. Meine Vision einer Kirche von morgen geht sogar noch weiter.

Die Priester einer katholischen Kirche von morgen sollten idealerweise paulinische Priester sein. Das heißt: ihr Priesteramt ausüben, aber zudem noch einem Beruf nachgehen – genau so, wie das die Apostel, die sich um Jesus scharten, taten *(1 Thessalonicher 3,8; 1 Korinther 4,12)*.

• • • • •

Der Apostel Paulus übte das Handwerk des Zeltmachers aus. Er arbeitete in diesem Beruf, so ist es überliefert, sogar noch während seines Aufenthalts im griechischen Korinth.

Unter den zwölf Jüngern gab es mindestens vier Fischer: Petrus, Andreas, Jakobus und Johannes. Über die Berufe der anderen Jünger weiß man heute nur wenig. Vielleicht könnten die späteren Zuweisungen als jeweilige Schutzheilige ein Hinweis auf einen tatsächlich ausgeübten Beruf sein: Bartholomäus wurde derjenige der Fleischer und Handschuhmacher; Thomas wurde zum Patron der Zimmerleute ernannt. Und den heiligen Simon ernannte die Kirche in den Jahrhunderten nach seinem Tod zum Schutzheiligen der Holzfäller. Wie wenig Berührungsängste Jesus in seiner Großherzigkeit hatte, zeigt sich auch an der Berufung des Levi Matthäus als einer seiner Jünger. Er gehörte ausgerechnet der damals so verhassten Berufsgruppe der Zöllner an, der nachgesagt wurde, das Volk bis aufs Blut auszupressen.

Solche unattraktiven Berufe müssen es ja heute durchaus nicht mehr sein, wenn wir daran denken, einen arbeitenden, einen in der Welt auch in einem Zweitberuf tätigen Priester uns vorzustellen.

Abwegig ist eine solche Konstruktion ganz und gar nicht: Arbeiten doch traditionell viele Ordensleute, ob im Konvent oder in der Welt unterwegs, in ihren erlernten Brotberufen: als Gärtner oder Professor, Musiker oder Lehrer, Künstler, Bäcker oder Kaufmann.

Was also spricht dagegen, die Priester von morgen wieder dahin zu bringen, wo sie eigentlich wirksam sein sollen und müssen – nämlich in die Mitte der Gesellschaft. Einer Gesellschaft zudem, die von Jahr zu Jahr »religionsloser« wird, schaut man sich das rasante Abschmelzen von Kirchenmitgliedschaften gerade in unseren Städten an.

Meine Vision einer Kirche von morgen sieht Priester, die mitten im Leben stehen: als Ehemänner, Väter, Berufstätige. Auch Teilberufe wären denkbar, um das Wesen des Priesters als Mensch, Arbeiter, Seelenhirt bestens auszustatten. Ein Priester sollte dementsprechend ein Mensch mit menschlichem, geistigem, geistlichem und sozialem Gewicht in der Gesellschaft sein. Ein Zimmermann könnte Priester sein, ein Polizist, ein Anwalt. Die Hauptsache ist natürlich – neben seinem Brotberuf – die professionelle Ausbildung in der Theologie. Die muss jeder Kandidat absolvieren, damit das theologische Fundament gesichert ist.

Eine solche neue Sicht auf die Rolle des Geistlichen würde eine neue Bedeutung des Amtes mit sich bringen. Priester wären nun wirklich Menschen, die mit ihrer Arbeit nahe an den Gläubigen wären, für deren Seelenheil sie tatkräftig eintreten. Welch ein Gewinn für Glauben und Gesellschaft!

• • • • • •

Grund Nummer drei: Verheiratete Priester wären glücklicher. Denn sie hätten, wie alle Verheirateten auch, zu Hause ganz einfach die »Garde-fous«, Wächterinnen für ihre Gesundheit und ihr seelisches Gleichgewicht. Dies im Übrigen ganz gegenseitig gedacht: Denn in einer echten Partnerschaft helfen sich Frau und Mann gegenseitig, lebendig zu bleiben und ihre Fehler im Dialog miteinander zu korrigieren.

Jesus mag sich genau das ausgedacht haben, als er Verheiratete zu Aposteln ausgewählt hat. »Es ist nicht gut, dass der Mensch allein sei ...« In der intimen Partnerschaft, im Miteinander erst bewährt sich Menschlichkeit. Erst hier wachsen Vertrautheit, Nähe, Wärme, menschlicher Respekt. Aristoteles sprach vor über zwei Jahrtausenden vom Menschen als »zoon politikon«, vom gemeinschaftlichen Wesen. Der Zölibat schneidet in grausamer Weise in diese Sehnsucht nach Gemeinschaftlichkeit ein.

Ich bin ein Mensch aus Afrika, aus dem Kongo, aus einem Land, in dem der Stamm, die Sippe, die Familie, die Verwandtschaft eine ungeheuer große Rolle im alltäglichen Leben eines jeden Einzelnen spielen. Und ich weiß ebenso, dass mein Leben ganz anders verlaufen wäre, hätte ich nicht der Berufung als Priester gemäß meine Versprechungen abgegeben und wäre Geistlicher geworden. Noch heute gibt es diesen Stich in meinem Herzen, den die arglose Frage des erwähnten Firmlings in mir auslöst: »Herr Pfarrer, sind Sie nicht manchmal ziemlich alleine?«

Ich muss diese Frage mit Ja und Nein beantworten.

Nein deshalb, weil mir die Beschäftigung mit Gott Dialoge und Anregung bietet. Nein deshalb, weil die Versenkung in Meditation und Gebet mich fröhlich machen; und nein deshalb auch, weil mir mein Amt, meine Arbeit, die Seelsorge und die vielfältigen Studien so ungeheuer viel Anregung und Befriedigung bieten, dass ich einen Verlust durch den Zölibat im Alltag nicht spüre.

Aber dann gibt es immer noch diese andere Antwort auf die Frage, eine Antwort, die sich mit einem leisen »Ja« nach vorne drängt:

Ja! Wie gerne hätte ich ein Baby von einer Frau, meiner Frau, im Arm gewiegt. Ja! Wie gerne würde ich unseren Kindern beim Aufwachsen zusehen dürfen. Ja! Wie wundervoll wären vertraute Spaziergänge und Abende mit einer Frau, die sich als mir zugehörig bekennt. Ja, und ich gestehe es auch: Wie gerne hätte ich mein Mann-Sein in einer solchen Beziehung mit Seele und Leib ausgelebt!

Damit wir uns richtig verstehen: Ich habe ganz bestimmt keine falsche Wahl getroffen. Im Gegenteil: Ich bin mit Herz und Verstand Priester, Pfarrer und Seelsorger. Dennoch hindert mich diese Entscheidung für den *einen* Weg nicht daran, ab und zu darüber nachzudenken, was der *andere* Weg vielleicht hätte für mich bedeuten können.

Meine Vision einer Kirche der Zukunft stellt deshalb die Geistlichen nicht mehr vor einen Scheideweg. Nein – sie ermutigt sie, als ganze Menschen dem Weg Jesu zu folgen: als Priester und Arbeiter, Männer und Väter, als Liebende und Liebe gebende Menschen.

Fassen wir kurz zusammen: Ich glaube, dass Jesus den ganzen Menschen gewollt hat, als er seine Jünger berief. Ich glaube, dass es des ganzen Menschen bedarf, um wirklich gute Seelsorge zu betreiben. Und ich weiß, dass es kein Gottesgebot ist, das die Priester zur Einsamkeit an ihren Abenden verdammt.

Wäre es nicht endlich an der Zeit, das zu ändern?

• • • • •

Den Priestermangel hat die Kirche durch ihren Hochmut verschuldet. Wenn menschliche Definition sich über göttliche Botschaft hinwegsetzt, fehlt das Innere des Glaubens. Die Kirche muss sich wirklich fragen: Warum sollten wir Menschen das, was Jesus im Neuen Testament gesagt und getan hat, willkürlich falsch interpretieren, das alles ändern und dann auch noch denken, wir verstünden es besser als Er?

Das ist Bosheit, Hochmut, Anmaßung und Zerstörung jeder Basis von menschlichem Verständnis. Und ausgerechnet die aktuelle Amtskirche will in der überall zu spürenden Krise des Priestermangels, dass Gott uns hilft, gerade jetzt noch mehr Priester zu bekommen, die nichts anderes tun, als in blindem Gehorsam weiter die Kirche seines Sohnes zu entstellen?

Hand aufs Herz: Wären wir Er, würden wir das tun und die Gebete dieser Amtskirche erhören?

Seien wir ehrlich: Wenn schon eine bürokratisierte Amtskirche selbst nicht zulässt, dass wir uns als

Geistliche hinterfragen, wenn eine solche Amtskirche verhindert, dass Kritik im eigenen Hause aufkommt, eine Amtskirche, die andere Wege als den von ihr definierten nicht für diskutierbar hält und eine andere Meinung als die offizielle kircheneigene als Gefahr betrachtet: Dann werden wir uns sehr schwertun, uns als Kirche weiterzuentwickeln.

Ja, wir blockieren womöglich den Weg solcher Menschen in die Kirche, die wir dringend brauchen. Und zwar, weil wir Jesus nicht achten. Sollte der das vielleicht anders machen, weil wir meinen, dass wir über ihm stehen?

Wir können so lange um den Priesternachwuchs bitten, wie wir wollen: Wenn wir gegen die Barmherzigkeit und Menschlichkeit im Umgang mit den eigenen Menschen entscheiden, wird unser flehendes Gebet niemals erhört werden.

Es gibt einen einfachen Schlüssel dafür, das zu verstehen: Das Wort, das Jesus uns selbst gegeben hat: »Bleibt in mir ... Wenn ihr in mir bleibt, werdet ihr alles erhalten, worum ihr mich bittet!« *(Johannes 15, 4-7)* Das hat Jesus seinen Jüngern gesagt. Also auch uns in der Kirche von heute. Und noch ein Wort mehr: Dass sich die Kirche immer wieder von Neuem klarmachen sollte: »Ihr seid nicht größer als euer Lehrer.«

• • • • •

Die Kirche kennt mittlerweile eine neue sportliche Disziplin. Das ist der so genannte »Akademische Dreikampf«: Wertungsnoten werden in dieser Sportart mittlerweile in drei Untergruppen verteilt. Diese lauten: Knicken, Lochen, Abheften.

Was als Scherz daherkommt, hat eine bittere tiefere Bedeutung:

Wir haben im Laufe der Zeit die Kirche zu einem Verwaltungsapparat gemacht. Sicher kann man solch eine weltumspannende Organisation heute nicht mehr so verwalten wie vor tausend Jahren. Besonders wenn wir die Pastoral so gestalten, dass wir sie nicht zu sehr mit unnötiger Arbeit belasten. Dennoch bleibt festzuhalten: Priester haben viel Verwaltungskram zu erledigen.

Doch in meiner Vision der Kirche von morgen – und auch der von heute – gilt es festzuhalten: Priester gehören nicht an den Schreibtisch. Sie gehören in die Vereine, in die Kirche, in die Schulen, in die Gemeinden, auf die Straße. Sie sollen bitteschön eine menschenfreundliche Pastoral machen und keine Excel-Dateien mit Kalkulationen vollschreiben, sie sollen Menschen in ihrer persönlichen Not, ihrer Trauer beistehen und nicht tagelang über Haushaltspläne diskutieren müssen. Meine Frage lautet: Muss das alles wirklich ein Priester machen? Meine Antwort gebe ich gleich dazu: Nein: Das muss nicht sein.

Priester sollen das Wort Gottes verkünden und den Menschen in ihrer Gemeinde beistehen. Da sehe ich keine Schreibtischarbeit und Berichtspflicht. Sondern viel eher Bibelstudien, Bibelabende, Gespräche, Öffnung, Sakramentenvorbereitung, nicht im Kern dogmatisch und theologisch, sondern eingebettet in den täglichen Ablauf. Das ist Seelsorge der Kirche von morgen.

Und eigentlich längst einer Kirche von heute.

Ein bitterer Witz geht unter Priestern um: Vielleicht bringt der Zölibat die Menschen zu solch verzweifeltem Arbeiten, dass in katholischen Pfarrhäusern ein verwaister Priester gern bis nachts um zwei vor dem Computer hängt, um Taufprotokolle zu verfassen?

Das aber kann nicht der Sinn unserer Berufung sein. Ja, ich gehe so weit: Auch die Anzahl der Sakramente kann eine Kirche von morgen getrost und ohne Verlust an theologischer Substanz verringern. Nehmen wir das Beispiel der Erstkommunion. Die kann man mit der Taufe zusammen feiern. Man sollte beides zusammen einfach etwa als Kommunion benennen. Weitere Beispiele: Die Krankensalbung muss nicht der Priester vollziehen. Es genügt, wenn Menschen aus der Gemeinde eingeführt würden, wie man für die Kranken am besten und am meisten stärkend wirken kann. Solch eine Aufgabe können gern geschulte Pastoralassistenten oder auch Diakone übernehmen; sie können so etwas getrost machen.

Schleifen wir, wo wir dabei sind, gleich ein ganzes Schock Vorurteile: Eine Eucharistiefeier täglich ist nicht nötig. Zugegeben: Es wird zwar erzählt, dass die ersten Gemeinden das täglich gemacht haben; wahrscheinlicher war es nach den Quellen aber eher einmal pro Woche und noch einen zweiten Tag in der Woche. Natürlich gibt es viele Menschen, die jeden Tag in die Kirche kommen mögen. Das ist auch ihr gutes Recht. Und das sollen sie auch tun.

Aber wir müssen bedenken: Beten sollten wir als Christen immer – mit anderen oder allein. Betet, ohne aufzuhören, und betet ständig! *(Lukas 18, 1-8; 21,36)* Das sollten wir den Gläubigen erklären. Solches Beten muss nicht in einer Kirche geschehen. Man kann zu Hause beten mit anderen Leuten, auch allein. Hauptsache: Man erfüllt das erste Gebot Gottes. Und das ist das Gebot der Liebe. Sinn und Ziel all unseres Tuns ist, dass wir die Liebe verkünden. Wir sollten im alltäglichen Lebensvollzug zeigen, dass wir davon leben – von der Liebe Gottes!

Weder der Zölibat noch übermäßiges Predigen werden uns ins Himmelreich führen. Das schafft nur die Beachtung des Wortes Gottes. Und das trifft vor allem auf das eine Gebot zu: das Gebot der Liebe. Es mag sich brutal anhören, ist aber so. Darauf sollten wir die priesterliche Arbeit in ihrem Kern reduzieren: Die Treue zum Geist Jesu müssen wir pflegen, nicht die Treue zum Geist der von Menschen verhängten Dogmen.

Das können wir aus der Bibel an zahllosen Stellen ablesen.

• • • • •

Was also bleibt zu tun? Meine Vision einer Kirche von morgen wünscht sich, dass die Kirche die Demut gegenüber Jesus neu lernen sollte. Dieser trat – und auch Petrus und Paulus taten das – ohne Mitra, Bischofsstab, Purpurmantel oder ähnliche Insignien vor die Menschen. Kleidungen haben ihre soziale Bedeutung, aber die religiöse darf nicht überschattet werden. Der Ring des Bischofs als Ring der Verbindung zum Volk Gottes ist gut gedacht – aber muss er aus Gold sein? Wenn Gold Reichtum symbolisieren soll, dann sicher nicht.

Man könnte und sollte über die Paläste der Gottesdiener nachdenken. Der Diener Gottes soll wirklich im Sinn Jesu arbeiten und sich auch so darstellen: Ich bin gekommen, nicht um mich bedienen zu lassen, sondern um zu dienen.

Wie kann man das sehen, woran sieht man das? Gott sei Dank, dass Papst Franziskus gekommen ist, um der Kirche eine neue Richtung vorzugeben: Bescheidenheit, Einfachheit, Lebendigkeit, Treue zu Jesus, nicht zu einer Welt des Mittelalters …

Halten wir fest: Die Ehelosigkeit der Priester ist durch ökonomisches Denken der Kirche als Institution entstanden, die wegen der Priesterfamilien nicht arm werden wollte. Dass man eine so strenge Regel daraus macht und diese auch zudem religiös begründet, damit sie glaubwürdig wird, ist allerdings eine Täuschung. Aber auch die ist nicht erlaubt. Denn es gilt: Du sollst nicht lügen!

Man muss die Frage der Ehe oder Ehelosigkeit theologisch begründet betrachten. Dabei zeigt sich: Jesus hat von vornherein mit eingeplant, dass seine Jünger verheiratet sind. Die Apostel, die predigen sollten, die missionieren sollten, die brauchten in seinen Augen keinen Zölibat. Jesus hat deshalb nirgendwo gesagt: Heirate nie! Jesu in solchem Zusammenhang benutztes Wort vom »Verlassen« heißt: weggehen, aber auch wiederkommen können (*Matthäus 8,14; 19,27*). Es bedeutet nicht ein Verlassen für das ganze Leben. Sondern es bedeutet einen Aufbruch – und auch eine Wiederkehr.

Meine Vision einer Kirche von morgen ist eine Kirche mit verheirateten Priestern. Diese wären in vielfältiger Weise ein Gewinn. Und das gälte selbst dann, wenn sich Priester unter Umständen wieder scheiden lassen. Denn auch das könnte ein Gewinn sein: vor allem an Erfahrung des wirklichen Lebens.

KAPITEL 7

WAS, WENN GOTT
EINE FRAU WÄRE?

Es mag komisch klingen für Mitteleuropäer: Wir afrikanischen Priester (jedenfalls im Kongo zu meiner Zeit) mussten neben unserer theologischen Ausbildung auch Basiskenntnisse einer robusten Medizin erwerben. Dazu gehörte neben der Ersten Hilfe auch ein Thema, das uns – naturgemäß durchweg männlichen Kandidaten – den Schweiß auf die Stirn trieb. Denn wir mussten auch jene Kenntnisse erwerben, die man als Geburtshelfer brauchte. Ein Spiritanerpater, der Mediziner war, führte diese Ausbildung in unserem Kurs durch: wie man etwa den Fortschritt der Geburt erkennt, wie man eine Frau hinsetzen darf, welche Hilfestellungen man ihr geben kann und worauf man bei der Hygiene achten soll – das alles haben wir gelernt.

Diese medizinische Disziplin war für jeden von uns zölibatär lebenden Priester – ich gestehe es frank und frei – eine äußerst delikate Aufgabe. Waren doch die meisten von uns niemals in vivo dem Körper einer Frau begegnet.

Doch die Ausbildung musste sein: Denn wie oft kamen Priester in abgelegene Dörfer wie unseres, um die Messe zu feiern oder Kinder zu taufen, und trafen dort auf hochschwangere Frauen, die in den Wehen lagen. Eine Zwickmühle: Denn erstens gab es in diesen Dörfern keine medizinische Versorgung, geschweige denn einen Arzt. Zweitens durfte sich ein Priester in seiner Rolle als Missionar und gleichzeitig in seiner Rolle des Helfers nicht vor Verantwortung drücken. Das hätte ihm unweigerlich die Verachtung der Menschen des Dorfes eingetragen. Also gab es kein Pardon: Wer als Priester in eine solche Situation geriet, musste handeln – und das in aller Konsequenz.

Auch ich kam einmal fast in die Rolle des unfreiwilligen Geburtshelfers. Eines Abends nach einer Weihnachtsmesse wurde ich plötzlich zu einer jungen Frau gerufen, deren Wehen während des Gottesdienstes eingesetzt hatten. Ich bemerkte sofort, dass es ihr aus eigener Kraft weder möglich war, nach Hause zu gehen, noch einen Arzt aufzusuchen.

Ich wusste: Nur wenige Kilometer von diesem Dorf entfernt war ein größerer Posten des Militärs. Der verfügte, das wusste ich, auch über ein Krankenhaus. Das Problem: Die Behandlung dort war eigentlich nur für Soldaten vorgesehen, zivile Menschen wurden hier gar nicht erst vorgelassen. Doch ich machte mich auf eigene Faust mit der jungen Frau auf – es war ihre erste Geburt, und, das spürte ich, sie hatte furchtbare Angst vor dem kommenden Geschehen. Doch wie sollte ich den Transport bewerkstelligen?

Ich verfügte zu dieser Zeit nur über einen klapprigen Vespa-Motorroller, sandfarben, der – wenngleich recht betagt – seinen Dienst doch immer noch brav versah. Für mich allein war das ja Fahrkomfort genug – aber für eine Gebärende, die von Stunde zu Stunde schwächer wurde? Mir kamen Zweifel.

Doch zum Zaudern blieb keine Zeit. Die Devise hieß: Jetzt oder nie. Ich bestieg den Roller, warf ihn an, ließ die werdende Mutter von zwei Frauen aus dem Dorf auf den Sozius hieven und wies die Damen an, die Schwangere mit einem festen Strick an mich zu binden.

Das Ergebnis dieser Beladungsaktion war ein Bild, das es selten genug selbst auf afrikanischen Straßen zu sehen gibt: ein Priester mit einer weißen Soutane und einem Kreuz um den Hals, eng an ihn angebunden eine Schwangere, die ihren beträchtlichen Bauch an seinen Rücken drückte – und das ganze Gespann im Zwanzig-Kilometer-Tempo über eine Sandpiste pflügend, bei der an jeder Ecke ein Sturz des Gespanns lauerte.

Ich weiß heute nicht mehr, was mehr Schweiß auf meine Stirn trieb: die Angst vor einer Geburt auf dem Sozius meines Motorrollers – oder der Schrecken vor einer tief verschlammten Sandpiste, auf der wir jeden Augenblick zu havarieren drohten.

In solchen Situationen lernt man den Wert des Gebetes ganz neu schätzen. Da muss man mehrmals Gott darum bitten, dass er auf einen aufpasst. Denn als wir angekommen waren, war die Gefahr ja noch nicht einmal überwunden: Was würden nun als Nächstes die Wachen des Militärstützpunktes sagen, wenn unser merkwürdiges Gespann vor ihrer Schranke auftauchte? Würden sie uns durchlassen?

Ein Stoßgebet half. Bei der Wache nutzte mir die Soutane, die mich als Priester auswies. Als die Soldaten mich mit der schwangeren Frau sahen, hoben sie die Schranke und öffneten das Sicherheitstor. Dann ließen sie die Gebärende hinein. Ihr Kind, so erfuhr ich am nächsten Morgen, kam gesund und heil zur Welt.

$\bullet\ \bullet\ \bullet\ \bullet\ \bullet$

Die Eigenschaften der Frauen sind wie ein Stern von Gott selbst. Gott hat meiner Erfahrung nach genau diese Eigenschaften der Frauen in Fülle. Ja, wenn ich mir anschaue, welche Stärken das weibliche Geschlecht vor allem auszeichnet im Unterschied zu dem, was Männer oft tun und denken, dann wage ich die These: Gott muss eine Frau sein. Mindestens muss er weibliche Eigenschaften in Fülle besitzen. Viel mehr als männliche Eigenschaften.

Verwegen, diese These? Vielleicht.

Aber ich will gern versuchen, sie zu untermauern.

Es gibt einige Stellen in der Bibel, auch im Alten Testament, wo Gott sich selbst in seinem Handeln mit den Eigenschaften einer Frau vergleicht. Eine Mutter vergisst ihre Kinder nicht. So würde Gott euch wie eine Mutter nicht vergessen *(Jesaja 49,14-15; 66,13; Matthäus 23,37; Sprüche 8,22f.; Psalm 22,10)*. Ein starkes Wort: wie eine Mutter. Dies Wort steht für eine ganze Reihe von entscheidenden Fähigkeiten: Denn im Gegensatz zu den üblichen Umgangsformen von Männern stehen Frauen primär für die Geborgenheit, für ein Gefühl, sich wohl und gut aufgehoben zu fühlen. So wie eine gute Mutter das ihren Kindern bietet. Diese Eigenschaften der guten Mütter, Wertschätzung, Barmherzigkeit und Nähe, davon bin ich überzeugt, haben Frauen von Gott selbst bekommen.

Was wäre nun aber, wenn wir uns einen solchen Gott vorstellen? Wenn wir uns erst einmal erlauben, ihn uns so zu denken? Wenn wir an einen solchen Gott glaubten, dann würde sich das Bild der Kirche wandeln müssen. Und zwar unter dieser neuen Erfahrung der Geborgenheit, in der sich viel mehr Christen als bisher wohlfühlen könnten.

Spinnen wir kurzerhand den Gedanken weiter: Und wenn sie selbst, die Kirche, ihr Gottesbild öffnen und die Kraft einer Frau als Zentrum ihres Glaubens akzeptieren könnte, was würde dann mit der Kirche als Institution geschehen? Das ist sehr einfach zu prophezeien: Die Kirche würde sich irgendwann wandeln. Und sich genauso verhalten, wie es das Weibliche in ihr ersehnen würde: wohltuend, sanftmütig, schonend, mildtätig.

. . . . .

Noch gibt es in der Kirche ein vorherrschendes männliches Bild von Gott. Es ist dies das Bild des Herrschers, des Übervaters, des Allmächtigen. Das scheint den meisten Kirchenoberen auch gut und ganz ins Konzept zu passen: Ist Macht doch vor allem mit Männlichkeit in den Köpfen verbunden.

Doch ich halte in meiner Vision für die Kirche von morgen fröhlich dagegen: Als wir Gott anthropologisiert haben, haben wir nicht weit gedacht. Wir haben uns Gott nur als Menschen gedacht, nicht als Gott. Und als Mensch eben nur als Vater, und damit selbstverständlich nur als einen Mann. Ein Mann, der sich genau so verhält, wie das damalige Bild eines Mannes aussah. Mächtig, durchsetzungsfähig, ja, vielleicht sogar ein bisschen brutal, also wie ein Mensch, der die Regel einfordert, und nicht wie ein Mensch des Verzeihens.

Die Israeliten haben das Bild eines solchen machtvollen, strafenden und vernichtenden Gottvaters im Alten Testament geschaffen. Und das schon lange vor Jesu Präsenz im Neuen Testament. Wer kennt es nicht? Das Bild eines strafenden Vaters, der sein Volk sogar Kriege führen lässt, der sein Volk beim Krieg unterstützt und im Roten Meer das Heer des Pharaos dem Tod preisgibt, das Bild eines Gottes, der die Mauern von Jericho einstürzen lässt, ja, einen Vater sogar zur Ermordung seines Sohnes aufruft.

· · · · ·

Dieser durch und durch männliche Gott ist tatsächlich zweideutig. Er ist ein kriegerischer Gott, aber er war zugleich auch barmherzig zu denjenigen, die ihn ehren, von Generation zu Generation. Zum Gottesbild des Alten Testaments *(Deuteronomium 5, 9-10)* heißt es: Gott rächt sich über Tausende von Generationen, aber seine Güte ist groß. Seine Güte übersteigt seine Strenge.

Jesus bricht damit radikal. Der Neue Bund ist mehr Barmherzigkeit als Bestrafung. Der Vater von Jesus ist der Gott einer übergroßen Liebe.

Hier sind in Gottes Handeln und Zugehen auf den Menschen die Brutalität und die Unbedingtheit des männlichen Prinzips zum ersten Mal in Frage gestellt. Ja, hier ist deutlich Weiblichkeit am Werke.

Als Jünger, die ihm folgten, hatte Jesus nur zwölf Apostel. Das musste einen Grund haben: Nach meiner Meinung blieb Jesus bei dieser relativ geringen Zahl vor allem deshalb, um seine eigene Mission nicht zu gefährden. Hätte er eine weit darüber hinausgehende Zahl von führenden Anhängern mobilisiert, wäre seine Gruppe schnell als staatsgefährdend angesehen worden. Wären es allerdings weniger Jünger gewesen, hätte seine ganze Bewegung keine Bedeutsamkeit besessen.

· · · · ·

Die Bedeutung der Frau im Judentum ist mehr als gering. Hätte Jesus auf breiter Ebene die rituellen Gesetze im Umgang mit jüdischen Frauen verletzt, dann hätte es keine Frage gegeben: Die Pharisäer hätten ihn in diesem Fall eindeutig schon viel früher aus dem Verkehr gezogen und getötet – nämlich aufgrund der kulturellen und im ganzen Volk verbreiteten religiösen Vorschriften.

Schauen wir genauer hin. Die Frau war in der damaligen jüdischen Kultur so gut wie nicht vorhanden. Ihre Stimme war ungültig. Weil die Umstände so waren, wäre Jesus viel zu weit gegangen, hätte er einen Verstoß gegen das jüdische Gesetz unternommen! Doch er wollte mit dieser Entscheidung seine wichtige Mission nicht gefährden. Das war für ihn der höhere Wert.

Die Lage der Frau war auch noch zu Jesu Zeiten schwierig. Dagegen hat Jesus gearbeitet. Er hat Frauen für die damalige Gesellschaft in unerhörter Weise beschützt und geschätzt. Er hat sie stets vor Gewalt in Schutz genommen und ist sogar so weit gegangen, dass er Frauen nicht vom Diskurs ausgeschlossen hat.

Bestes Beispiel dafür ist das Gespräch mit der Frau am Brunnen. Denn hier zeigt sich, im Gegensatz zu den Gepflogenheiten der Zeit, die bewusste Aufwertung der Frau – weil man in der damals vorherrschenden Gesellschaftsmeinung einfach nicht mit Frauen öffentlich sprechen durfte. Jesus treibt das Ganze noch auf die Spitze, indem er mit einer Frau spricht, die in wilder Ehe lebt *(Johannes 4, 5-42)*. Er kennt keine Berührungsängste. Halten wir uns vor Augen, wie ungeheuerlich sein Verhalten für die damaligen wohlanständigen Bürger sein musste: Mit seiner Zuwendung hat er diese Frau in den Kreis seiner Anhänger aufgenommen, ja, sogar eine Art Apostel aus ihr gemacht. Diese Frau ist durch eine Ansprache plötzlich ein Apostel Jesu geworden. Denn sie hat die Rolle sofort angenommen. Indem sie zu den anderen Leuten im Dorf gegangen ist und erzählt hat, was ihr geschehen ist: »Er ist der Prophet, der kommen soll. Er ist der Sohn Gottes.«

· · · · ·

Heute diskutieren wir in der katholischen Kirche, ob wir Frauen zum Priesteramt zulassen sollen. Ist eine solche verbissene und in vielen Teilen komplett ablehnende Diskussion nicht lächerlich angesichts der umwerfenden Tatsache, dass schon Jesus selbst eine Prostituierte zu einem Apostel gemacht hat?

Eine solche Diskussion und Zurückweisung ist eine Distanzierung vom Neuen Testament und seinen Ratschlägen. Diese Distanzierung wiederum von Jesus, die die Dogmatik der Amtskirche immer noch betreibt, scheint mir als Priester erstaunlich. Sie bedeutet eine ganz große Entfernung von Jesus, die die Kirche da vollzieht.

Ein weiteres Beispiel kann das noch deutlicher machen: Wir diskutieren auch im Fall des Priestermangels, ob man Priester aus dem Ausland in deutsche Diözesen hereinholen sollte. Und ob sie uns damit helfen können, den zweifellos vorhandenen Seelsorge-Notstand zu mildern.

Für Jesus wäre eine solche Frage überhaupt kein Problem: Er hatte niemals Angst vor dem Fremden, dem nicht Anerkannten. Die Kirche sollte dabei nur **155** darauf achten, dass man die kulturellen Prägungen von Gast und Diözese respektiert. Aber ansonsten könnten alle Priester der katholischen Kirche überall auf der Welt eingesetzt werden, um zu helfen.

Meine Vision einer Kirche von morgen sagt klipp und klar: Das soll gelten für beide Geschlechter – egal ob Mann oder Frau.

• • • • • •

Warum sind Frauen als Priester so wünschbar, und nicht nur denkbar? Dafür gibt es mehrere gute Gründe.

Erstens: Das Priesteramt ist nicht größer als das Amt Mariae, die den Sohn Gottes zur Welt gebracht hat. Und darum steht Maria in der offiziellen Hierarchie der katholischen Kirche sogar über den Aposteln. Auch in der Volksfrömmigkeit wird Maria glorifiziert, mystifiziert, verehrt bis hin zu Wallfahrten, auf denen Millionen von Gläubigen ihren Segen erflehen.

Und doch darf eine Frau wie sie nicht einmal ein einfacher Priester werden, geschweige denn ein höheres Amt in der Kirche bekleiden. Sie meinen, das ist paradox? Nein, das ist noch mehr: Das ist unglaublich!

Deshalb wird die Figur der Maria durch die Kirche und eine ungute Heiligenverehrung, die weite Teile der Kitschindustrie ernährt, den Gläubigen immer mehr entrückt. Dadurch wird sie entsexualisiert und im Sinn einer in vielen Teilen immer noch leibesfeindlichen Kirche für den Alltag der Gläubigen ungefährlich gemacht. Ja, die Amtskirche tut mittlerweile so, als ob Maria gar keine Frau mehr wäre!

Das ist fatal. Jede Frau könnte und sollte heute das Priesteramt erlangen können. So hat auch Jesus niemals etwas dagegen gesagt. Wir können nach dem ausführlichen Studium der Quellen sagen: Jesus hätte das ganz bestimmt gesagt, wäre er kategorisch dagegen gewesen!

Und wie sehen die Fakten wirklich aus? Sie bezeugen das Gegenteil: Alle Zeichen deuten darauf hin, dass Jesus sogar wollte, dass Frauen eine gewichtige Rolle in der Kirche spielen. Ein weiteres Beispiel etwa ist Maria Magdalena am Grab Jesu. Auch sie wurde zum Apostel gemacht durch ihre exklusive Zeugenschaft: Die Erste, die den Auferstandenen gesehen hat, war eine Frau. Sie bekam die wichtige Aufgabe, diese zentrale Botschaft des Christentums unverzüglich den Aposteln zu überbringen.

Unsere Kirche hat in ihrer Geschichte so vieles in der Wertehierarchie des Glaubens umgedreht und auf den Kopf gestellt. Sogar das größte Fest des Christentums, so scheint es mir, ist im Lebensvollzug der Christenheit zweitrangig geworden. Ostern ist nicht mehr ganz so wichtig. Aber ohne das Osterfest wäre das Christentum nichtig. Nur diese Botschaft ist wirklich wichtig: dass Jesus auferstanden ist und lebt.

Weihnachten und Karfreitag allein wären im Jahreskreis viel zu traurig.

· · · · ·

Genauso hat die Kirche die Stellung der Frau herabgewürdigt. Dabei ist laut Neuem Testament die Stellung der Frau für Jesus vor allem aus zwei Gründen ungeheuer wichtig:

Erstens: Die Frau steht dem Geheimnis des Lebens viel näher. Die Frau gebiert das Kind. Dies Geschehen, diese **157**

Nähe zum Leben, ist eigenartig tief. Hand aufs Herz: In dieser Hinsicht kommt kein Mann mit. Gott hat allein der Frau die Macht über das Mysterium der Schwangerschaft und der Geburt gegeben. Wir Männer müssen leider draußen bleiben!

Zweitens: Die Frau ist die Hüterin der Menschheit. Sie ist die Sohngottesgebärerin, sie ist gewissermaßen die Aufseherin des Kosmos. In ihr vereinen sich Fruchtbarkeit und Bewahrung des Lebens. Mehr als der Mann steht die Frau für die Erhaltung der Schöpfung.

Und ich frage nun ausdrücklich: Mit diesen Gaben sollte sie nicht würdig sein, das Priesteramt ebenso wirksam zu vertreten wie ein Mann?

• • • • • •

Warum schließt die Kirche Frauen aus? Aus all dem, was hier nur kurz angerissen werden kann, ergibt sich die Frage: Warum gibt es diese dogmatische Ablehnung von Frauen im geistlichen Dienst in der Kirche?

Als Kindergärtnerinnen, Altenpflegerinnen, Krankenschwestern, Nonnen, da akzeptiert die Amtskirche die Präsenz von Frauen ausgesprochen gern. Denn in diesen Fällen sind sie nicht aufrührerisch, dienen still und unauffällig der Kirche, kosten wenig Geld und können so durch ihre große Opferbereitschaft dem ganzen System Kirche noch ein positives Image verpassen.

Es gibt einige Gründe dafür, warum die Amtskirche immer wieder versucht, die Rolle der Frau im Hintergrund zu belassen. Und, machen wir uns nichts vor: Auch mit einem Papst Franziskus wird es in der Frage der Aufwertung von Frauen in der Amtskirche mehr schlecht denn recht vorwärts gehen. Denn es gibt die Angst vor Machtverlust. Und diese Angst scheint in der Amtskirche von heute noch immer groß zu sein.

Sprechen wir es aus, so, wie sich die Situation zeigt: Viele in der Kirche haben Angst vor Frauen, weil sie fürchten, sie müssten sonst Macht abgeben. Ich bin der Überzeugung: Viele, zumal dogmatisch gesonnene Kirchenführer haben Angst vor dem anderen Geschlecht. Die Kirche ist nicht ohne Grund aus der Geschichte heraus zu einem Männerbund geworden. Das, was zu Beginn in den Urgemeinden ein natürliches Zusammenleben von Frauen und Männern war, entwickelte sich im Laufe der Jahrhunderte mehr und mehr zu einem hierarchischen System, das schließlich in einem dogmatisch fixierten Männerbund erstarrt ist.

Die Angst vor dem Wissen und damit vor der geheimen Macht der Frauen zeigt sich nicht nur in ihrer Unterdrückung in der Kirche, sondern auch in Hexenverbrennungen und in den permanent abwertenden Rollenzuweisungen, die ihre angebliche Minderwertigkeit gegenüber dem von der Kirche postulierten überlegenen Intellekt und der Stärke des Mannes belegen sollten.

Warum aber haben die Kirchenmänner solche Angst vor Frauen? Warum fürchten sie um ihren Machterhalt? Keine Frage, es gibt dafür gute Gründe, eine solche Furcht zu haben. Denn die Macht der Männer steht in der Tat auf tönernen Füßen, wenn man sich das reale Verhältnis zwischen den Geschlechtern einmal genauer anschaut. Männer dürfen durchaus **159**

Angst haben, den Kürzeren zu ziehen. Denn Frauen sind in vielen Punkten einfach besser ausgestattet.

Erstens: Frauen sind viel stärker darin, Ausdauer zu zeigen als Männer. Sie sind hartnäckiger und letztlich körperlich leistungsfähiger als die meisten Männer. Deswegen leben Frauen übrigens auch länger.

Zweitens: Männer sind grundsätzlich konkurrenzorientierter. Und das führt zu Herzinfarkt und Schlaganfall. Frauen gehen hingegen die meisten Fragen des Lebens ruhiger an. Sie suchen Lösungen, nicht vornehmlich die Bestätigung des eigenen Ego. Wo Männer mit Nervosität und Hektik agieren, überwiegt bei ihnen Pragmatik und Besonnenheit.

Drittens: Frauen haben die beruhigenderen Hormone. Sie kennen kein Testosteron, das ihnen den Kamm schwellen, die Muskeln anspannen und das Herz rasen lässt. Adrenalin kennen sie auch – aber in viel geringerem Maße. Deshalb sind Frauen weitaus weniger aggressiv als Männer.

Viertens: Frauen haben mehr positive Eigenschaften, als Männer sie gemeinhin besitzen. Sie verfügen über Empathie und Sympathie und die stärkere Intuition. Wenn es darum geht, wichtige Entscheidungen zu treffen, finden Frauen meist direkt eine gute Lösung. Sie sind ihrem Körper und ihrem Gefühl näher und reflektierter und damit treffsicherer als die Männer.

Eigentlich alles gute Gründe, solche Eigenschaften mehr für die Kirche zu nutzen als bisher – oder?

• • • • •

Der Kirche fehlen schmerzlich die weiblichen Eigenschaften. Was gewännen wir alle in der Kirche, wenn wir die Vorzüge weiblichen Denkens, Fühlens und Handelns in unsere Arbeit und unser Leben integrieren könnten?

Frauen sind aufmerksam. Sie schauen hin. Ihre Eigenschaft ist die Warmherzigkeit und ist häufig ein ausgeprägter Hunger und Zug nach Gerechtigkeit. Wenn ich Mütter beobachte, wie sie mit ihren Kindern umgehen, dann fällt mir immer wieder eines auf: Mütter sind nie ungerecht. Sie versuchen stets, ihren Schutzbefohlenen gerecht zu werden. Das heißt nicht, dass sie allen das Gleiche geben, sondern das, was jeder von ihnen jetzt braucht. Das ist gelebte Gerechtigkeit.

Der Amtskirche gehen durch ihre Konzentration auf das männliche Prinzip der Herrschaft und der Betonung der Regeln unendlich viele gute Eigenschaften schlicht verloren.

Empathie, Barmherzigkeit, Mitleid und Mitempfinden – diese Gefühle der Anteilnahme finden sich bei Männern meist weniger ausgeprägt als bei Frauen. Frauen spüren schnell, was vorgeht im anderen. Dann fragen sie: Wie ist es dir ergangen? Wie ist es heute für dich? Wie fühlst du dich jetzt? Das ist echte, intuitive Aufmerksamkeit, wie sie sie ihrem Gegenüber schenken. Männer fragen sicher auch: Aber sie tun dies meist mit einer ganz anderen Form von Aufmerksamkeit, die oft echte Anteilnahme vermissen lässt.

In der Regel weinen Frauen schneller, wenn sie Zeuge erschütternder Ereignisse werden. Sie zeigen schneller ihre Gefühle – und stehen auch dazu. Sie stellen sich oft auf die Seite der Notleidenden. Übrigens: Auch diese Eigenschaft hat uns Jesus ja immer wieder vorgelebt – er hat sich immer wieder auf die Seite der Notleidenden gestellt.

Noch eine weitere Eigenart des Weiblichen fehlt durch die weitgehende Abwesenheit von Frauen in der Hierarchie der Kirche: Frauen wissen viel mehr als jeder Mann um das Geheimnis der Schöpfung. Sie tragen neun Monate ihr Kind unter dem Herzen, erleben Wachstum, Reifung und Geburt. Und fast immer sind sie es, die das Aufwachsen der Kinder in erster Linie behüten und begleiten. Wer also sollte näher an der Schöpfung leben als die Frauen? Wer sollte mehr Wissen, Gefühl und Impulse besitzen, die Schöpfung zu achten – und zu bewahren? Halten wir fest: Auch das ist etwas typisch Weibliches! Die biblische Aufforderung: »Macht euch die Erde untertan«, mag den Mann ansprechen. Die Mahnung hingegen: »Erhaltet die Schöpfung!«, die beweist ihren weiblichen Kern.

Selbst die Aufforderung Jesu: »Liebe deinen Nächsten wie dich selbst«, trifft auf den Charakter der Frauen viel besser zu als auf den der Männer. Eine Frau vergisst selten, sich zu pflegen. Männer hingegen neigen zur Schlampigkeit. Frauen achten darauf, dass es ihnen gut geht und dass sie auch gut aussehen – mehr als die meisten Männer.

Warum ich das hier so betone? Ganz einfach: Wenn wir tatsächlich Abbilder Gottes sind, warum sollten wir das nicht auch in der äußeren Schönheit sehen dürfen? Das geht Hand in Hand mit dem damit verbundenen Hinweis, dass wir auch die innere Schönheit pflegen.

Halten wir fest: Frauen besitzen auch in dieser Hinsicht mehr Gleichgewicht als Männer. Die Mitte, das Maß, ist weiblich, nicht männlich. In diesem Maß des Weiblichen zeigt sich uns innere und äußere Schönheit.

So hat auch uns Jesus das Wesen Gottes gezeigt. Gott ist nicht unmäßig. Sondern ausgeglichen. Betrunken hat man Jesus nie gesehen – selbst auf der Hochzeit zu Kana nicht. Seine Eigenschaft entspricht dem antiken Ideal der Ataraxie, der emotionalen Gelassenheit. Er hat damit den Menschen die Botschaft des Glücks und der Freude gebracht. Ganz entscheidend beteiligt daran ist das Maßvolle des Weiblichen.

Gottes Verbot im Garten Eden ist leider oft missverstanden worden: als Machtprobe, als Versuchung. Doch das war nicht die Botschaft. Das Verbot, vom Baum der Erkenntnis zu essen, ist ein Hinweis für den eigenen Lebensweg, die Hybris, den Hochmut – ja, man kann es auch Größenwahnsinn nennen – zu meiden: »Tu dir nichts Böses an, sondern nur das Gute!«

Dass man sich und anderen das Gute tut: Daran sollte die Geschichte von Adam und Eva erinnern.

· · · · ·

Die Kirche sollte sich Weiblichem öffnen. Das ist meine Überzeugung: Dann würde die Kirche wieder näher zu Gott kommen. Denn dann würde sie glaubhafter und dauerhafter ein Zeugnis von Gott ablegen können. Aber eine Kirche, die sich von diesem Teil der Menschheit und der Menschlichkeit distanziert, hat sich von sich selber entfernt.

Die Kirche sollte wieder mehr auf die weibliche Stimme der Gläubigen hören. Sie gewinnt dadurch Einsicht und Wärme. Vielleicht hilft eine solche Einbeziehung des Weiblichen auch, den Glauben stärker auf seine Wurzeln zurückzuführen.

Die Kirche hat mir den Glauben nahegebracht. Mein Glaube ist deshalb kein allgemeiner Glaube, sondern ein spezifischer. Dieser spezifische Glaube bezieht sich nicht in erster Linie auf die Gemeinschaft aller Heiligen, sondern erst einmal auf Jesus und seine Botschaft. Die Gestalt von Jesus ist das faszinierende Zentrum des Christentums. Ihr zu folgen, das haben alle Heiligen mehr oder weniger versucht.

Ganz ketzerisch füge ich hier an: Folge ich meiner Vision der Kirche der Zukunft, dann brauchten wir eigentlich nicht mehr so viel Heiligenverehrung. Es würde uns doch genügen, wenn wir uns vor allem auf Jesus beziehen. Aber immer noch, und besonders innerhalb der Volksfrömmigkeit, verehren wir vor allem diejenigen, die versucht haben, Jesus nachzuahmen – statt direkt das Original. Vielleicht ist das auch verständlich: Der Grund dafür mag sein, dass es einfacher ist, einem fehlbaren menschlichen Heiligen zu folgen als dem perfekten Sohn Gottes.

Auch hier gilt aber: Die Wärme und Intuition des Weiblichen könnte die Kirche wieder näher an die Wurzel des Glaubens zurückführen, so wie ihn Jesus verkündet hat.

• • • • •

Was könnte Kirche vom Prinzip des Weiblichen lernen?
Ohne in Klischees verfallen zu wollen: Das Weibliche, biologisch, menschlich, sozial und geistlich, schenkt Geborgenheit, Milde, Sanftmut, nimmt Anteil, zeigt Empathie, liebt mit Gefühl, fördert das Wachstum, liebt das Leben und stellt den Menschen in den Mittelpunkt.

Das Prinzip des Weiblichen und des Mütterlichen sorgt für den Erhalt des Lebens jedes Einzelnen, denkt an den Ursprung des Lebens, weil es mit dem Geheimnis des Lebens konfrontiert ist, weil das Weibliche das Leben durch die Kinder in die Welt bringt.

Das Prinzip des Weiblichen und Mütterlichen kümmert sich rundum um das Leben: dass es blüht, gedeiht, prächtig wird. Und dies Prinzip wirkt aus Sympathie, Empathie, Intuition – und nicht durch das Kalkül des egoistischen Vorteils. Und schließlich, vergessen wir auch das nicht: Es sind meist die Frauen, die unsere Kirchen füllen.

Im tiefsten Sinn hat Gott von Anfang des Lebens an aus einem weiblichen Prinzip gehandelt. Das gilt von Anfang des Seins an und noch mehr in der Vollendung uns Menschen gegenüber in der Person Jesu.

Meine Vision der Kirche von morgen kommt deshalb zu einem überraschenden Ergebnis:

Gott ist eine Frau. Denn sie hat die Eigenschaften einer Frau.

Und gehen wir noch ein Stück weiter:

Sie ist schwarz. Die Archäologen bestätigen es, wenn sie feststellen, dass in Afrika die ersten Menschen gelebt haben. »Lasst uns Menschen machen, uns ähnlich«, heißt es im Buch Genesis. Wie sah dies **165**

Ebenbild aus? War es ein schwarzer Mensch? Warum eigentlich nicht?

Ein weiterer Hinweis: »Alles, was ihr diesen Notleidenden getan habt, habt ihr mir getan«, heißt es bei Matthäus 25. Jesus, und folglich Gott, leidet mit allen Notleidenden, mit den Unterdrückten, den Versklavten, den Schwarzen *(vgl. auch Johannes 12,45)*.

Unterdrückt und geduldig: *Gott ist schwarz und eine Frau.* Sie lässt sich all das Leid gefallen, was man ihr antut, so geduldig, so liebevoll, so tolerant, weil sie an die letztlich heilende Kraft der Liebe glaubt. Sie ist ohnehin die Liebe selbst. Der Name Gottes auf Hebräisch verweist sowohl auf ein weibliches als auch auf ein männliches Wesen.

Gott bleibt trotz allem, was wir Menschen tun, liebend und großzügig. Manchmal fragen wir uns: »Warum lässt Gott all das Leid geschehen? Warum zeigt er nicht in einem Blitzmoment großartig, mächtig und entscheidend, dass er der Allmächtige ist?« Ja, das wäre eine männliche Tat! Und doch eine vergebliche.

Die Antwort ist, dass Gott ein großes Geheimnis bleibt. Gott ist eine Frau, Gott ist schwarz. Sie ist die Liebe. Sie hat Verständnis für jeden Menschen und jede Lebenslage. Sie ist bei den Indianern, den Gelben, den Weißen und den Roten auch. Sie ist farbig, aber vielleicht in den Wurzeln ihrer Schöpfung schwarz – und sie ist eine Frau. Sie versteht die Männer, auch sie gehören zu ihrem Werk. Gott ist wie ein Chamäleon. Sie trägt alle Farben dieser Welt. Und darüber hinaus die des ganzen Universums, alle, die wir noch gar nicht kennen. Gott ist unvorstellbar.

Sie aber hat dem Menschen eine Aufgabe erteilt. Er soll die Schöpfung pflegen, schonen, bewahren, entwickeln. Und das, weil er dem Schöpfer ähnlich ist. Nur Gutes soll er sich und dem Nächsten (an)tun. Das ist die Aufforderung zur Liebe von Anfang an: Weil Gott weiblich ist. Weil Gott die Liebe ist.

KAPITEL 8

MEINE VISION
VON EINER KIRCHE
DER ZUKUNFT

Als ich in Afrika als junger Mann zum Priester geweiht wurde, erschien mir die Kirche wie ein allmächtiges Mysterium. Der Glaube an Jesus Christus, den ich unverbrüchlich gewonnen hatte, war dabei das Fundament. Die Kirche als weltumspannende Organisation war zu jener Zeit in meinen Augen mit nichts anderem zu vergleichen, was Menschen aufgebaut hatten. War sie nicht in der Tat ein göttliches Werk? War nicht Petrus der Stein, auf dem Jesus sein Erlösungswerk für die ganze Welt bauen und sichtbar machen wollte? Diese meine katholische Kirche fühlte sich stark an. Sie vertrat stets das Gute. Sie war reich. Ihre Traditionen waren groß und schön. Und ihre Macht reichte nach meiner Vorstellung bis in den kleinsten Winkel der Erde.

All das nahm ich so als junger Priester wahr. Doch Stück für Stück, Jahr für Jahr, die ich in verschiedenen Diensten für die Amtskirche verbrachte, begannen sich in mir mehr Zweifel zu regen. Denn ich lernte Autoritäten und Hierarchien kennen, Befehl und Gehorsam, den Anspruch von Unfehlbarkeit und Dogmen. Und noch viel mehr: Ich lernte, dass Neid und Missgunst auch den Dienern der Kirche durchaus nicht fremd sind. Ich erfuhr, was Machtstreben innerhalb eines Kollegiums von Würdenträgern anrichten kann. Ich bemerkte, dass Prunksucht und Verschwendung bei manchen der Kirchenoberen offenbar zu einem Ventil für die erzwungene Ehelosigkeit wurden. Ich erstarrte, als ich erfahren musste, dass bei manchen Kirchenfürsten nicht die Armen und Schwachen im Zentrum ihres Tuns und Handelns standen, sondern die Reichen, die Mächtigen und die Bedeutenden.

Mit Entsetzen erfuhr ich, wie die Vatikanbank dunkle Geldgeschäfte abwickelte, die nichts, aber auch gar nichts mehr mit einer Hilfe für Arme, Hungernde und Kranke zu tun hatten. Und als ich mich weiter in historische und zeitgeschichtliche Studien vertiefte, musste ich erfahren, dass höchste Würdenträger der Kirche immer wieder Freunde der Despoten, der Diktatoren und der Menschheitsmörder waren. Das alles sind Tatsachen, die längst in der Welt draußen schon bekannt waren, als ich sie erfuhr.

Man darf den jungen Priester aus dem abgelegenen Dorf im Kongo deshalb auch im Nachhinein ruhig einen naiven Jüngling nennen. Umso größer, dies wird dadurch klar, muss die Entzauberung der heiligen katholischen Kirche für einen ihrer treuen Diener gewesen sein. Für mich.

• • • • •

Ich bin ein glühender Verehrer der Barmherzigkeit. Lebendiges Vorbild ist mir darin Jesus. Er hat den Menschen verziehen, statt sie zur Rache aufzurufen. Er hat die alttestamentarische Auffassung von der Vergeltung durch die Lehre der Vergebung abgelöst.

Die Liebe ist langmütig. Sie verzeiht alles. Sie erwartet nichts. Und wahrscheinlich ist diese Stelle aus dem Paulus-Brief derjenige Anstoß, den ich brauchte, in manchen Punkten einfach barmherzig zu handeln – auch meiner eigenen Kirche gegenüber. Doch wollen wir nicht zu schwarzsehen: In der Kirche wirken Menschen. Und überall, wo Menschen aufeinander treffen, können sie ihre menschlichen Eigenschaften nicht einfach ablegen wie einen nassen Regenmantel. Nein, wir müssen wertschätzend und verzeihend miteinander umgehen. Das wäre zugleich der erste Schritt zu einer Vision der Kirche von morgen, so wie sie sich über viele Jahrzehnte im geistlichen Dienst für die Gläubigen und im Gespräch mit den Mitbrüdern entwickelt hat. So fordert denn meine Vision einer Kirche der Zukunft:

• • • • •

Erstens: Eine Kirche treu zu Jesus. An verschiedenen Stellen dieses Buches habe ich versucht zu erklären, warum ich denke, dass sich die Kirche im Laufe ihrer Entwicklung immer weiter vom Wort ihres Gründers entfernt hat.

Meine Überzeugung aber lautet: Damit die Kirche Jesu Christi eine Zukunft hat – hier in der Welt wie auch im Himmel –, muss sie zu Jesu Worten und Handeln treu bleiben. Hinweise aus den Worten Jesu dazu gibt es genug: »Bleibt in mir, dann bleibe ich in euch. ... Getrennt von mir könnt ihr keine Frucht bringen. ... Wenn ihr in mir bleibt, bittet um alles, was ihr wollt, ihr werdet es bekommen. ... Ihr seid nicht größer als euer Meister.« *(Johannes 15, 4-17)*

Daraus folgt für meine Vision einer Kirche der Zukunft: Niemals darf die Kirche Entscheidungen treffen, die gegen die Worte, gegen das Handeln Jesu gerichtet sind. Denn dies würde die Kirche zwangsläufig zum Scheitern führen, zum Misserfolg, zum Verrat an ihrer eigentlichen Aufgabe.

Die jetzige Lage der Kirche zeigt Symptome, die vielsagend genug sind für ein solches Versagen. Und für einen wachsenden Verlust von Vertrauen, der sich damit verbindet. Mit dem Exodus der Gläubigen auf der einen Seite und dem wachsenden Priestermangel auf der anderen Seite sind nur zwei solcher Symptome genannt. Ich bin überzeugt: Sie sind auf diesen Zusammenhang zurückzuführen. Eine wahre und tiefe Glaubenskrise.

Der Ausweg aus einer solchen Krise ist in diesem Fall ganz einfach: Stets sollte sich die Kirche fragen: Wie hätte Jesus in dieser Situation gehandelt? Was hat Jesus zu dieser Frage gesagt? Und ist das, was wir als Kirche tun, wirklich im Einklang mit den Worten Jesu – oder nicht?

Letztlich steht dahinter stets die Frage: Was hat Jesus wirklich gewollt? Würde die Kirchenhierarchie eine solche Frage nicht stellen, würde sie nicht mehr die Kirche Jesu führen. Sondern ihre eigene Kirche als Konstrukt nach menschlichem Ermessen. Das wäre ein falscher Weg, und der darf nicht sein.

Denn wo bliebe Gott?

· · · · ·

Zweitens: Eine demütige Kirche. Oft wird das Wort Demut falsch verstanden. Meist im Sinn einer Selbsterniedrigung, einer Unterwerfung unter einen Stärkeren, in Ermangelung von Selbstbewusstsein und eigener wirklicher Kraft und Fähigkeit, sich einem Gebietenden gegenüber durchzusetzen.

Das alles jedoch bedeutet Demut im Christentum ausdrücklich nicht. Vielmehr umschreibt der Begriff – aus seinen hebräischen und griechischen Wurzeln stammend – die Fähigkeit, sich bewusst herabzubeugen. Das heißt, in der Lage zu sein, als erkennender

173

Mensch, der durchaus mit Selbstbewusstsein und eigenem Willen ausgestattet ist, die übergroße Rolle Gottes zu erkennen und anzuerkennen.

Meine Vision von der Kirche der Zukunft lautet: Die echte Demut erfordert, dass die Kirche immer den Blick auf den Gründer hat und niemals eigenmächtig handelt, dass sich die Kirche stets von Jesus abhängig weiß. Dass sie für sich bemerkt, dass die Kirche ohne den stetigen Blick auf ihre Herkunft blasphemisch zu werden droht. Und dass sie deshalb auch in erster Linie als eine Gemeinschaft gleichberechtigter Brüder und Schwestern existiert.

Tut sie das wirklich? Wäre es wirklich so, dass die Kirche die Kraft der Demut wieder entdeckt, dann sollten sich ihre Würdenträger als Allererstes mit all den vielen hierarchischen Ehrentiteln auseinandersetzen, die sie sich selbst und ihre Vorfahren in der Hierarchie zu Dutzenden gegeben haben. Und das allein schon aus dem Grund, um zu sehen, was aus der Überlieferung behalten werden darf und was nicht.

Die Konsequenz aus dieser Forderung ist klar: Wenn ein Titel sich als ein reiner Ehrentitel entpuppt, ohne entsprechende Funktion, die dahinter steht, muss dieser Titel aufgegeben werden. Denn andernfalls hieße es: Wir ehren in der Gemeinschaft der Brüder und Schwestern einige als Meister; doch das darf nicht sein, da Jesus selbst gesagt hat, dass nur einer der Meister ist: Er selbst und sein Vater.

Gehen wir weiter in der Betrachtung der Demut: Die Heiligenverehrung und die Heiligsprechung sollten im Lichte einer solchen fundamentalen Forderung noch einmal grundlegend bedacht werden – vor allem

unter dem Aspekt, das Notwendige zu behalten: nämlich die wirklich ausstrahlenden Heiligen, die nachzuahmen sich im besten Sinne des Wortes lohnt, weil sie
Barmherzigkeit, Liebe und Güte vorgelebt haben. Sie
sollten es bleiben.

Doch bei vielen anderen Heiligenverehrungen sollten wir vorsichtiger werden: Denn eine überbordende,
auf Folkloristisches abgesunkene Heiligenverehrung
verstellt, so fürchte ich, den Blick auf Jesus. Doch er
hat uns eindeutig gesagt: Ich habe euch ein Beispiel gegeben, damit auch ihr danach handelt. Wem wir nach-
eifern sollten, das ist Jesus. Paulus hat zwar auch die
Christen seiner Gemeinden aufgerufen, ihn nachzuahmen, aber in dem Sinn, dass er ganz Jesus im Glauben
nachgefolgt ist.

· · · · ·

Drittens: Eine bescheidene Kirche. Die wenigsten Christen von heute, die die Anblicke von Domen und Kirchen
hier in Deutschland so gewohnt sind, wissen: Schon im
Alten Testament hat Gott sich dagegen gewehrt, dass
Menschen ihm ein Haus bauen *(Jesaja 66,1)*. Es gibt
Psalmen und prophetische Schriften, die das deutlich
ausdrücken. Jesus hat dazu eine hinreißende theologische Begründung geliefert, die leider allzu oft in Ver-
gessenheit gerät.

Jesus hat nämlich gesagt: »Es kommt die Zeit, in
der die wahren Gottesverehrer ihn in der Wahrheit und
im Geist anbeten werden.« *(Johannes 4, 23-24)*

Verständlich ist: Aus dem Gemeinschaftsgedanken
heraus brauchen wir Menschen die Versammlungs-
stätte der Gotteshäuser, damit wir uns einander nahe

fühlen und zum gemeinsamen Glauben als Gemeinde aufgerufen fühlen.

Was den wenigsten Menschen jedoch klar zu sein scheint: Gott wohnt nicht in Häusern, die von Menschenhänden aufgebaut wurden. Ja, wenn wir uns als Gemeinde versammeln, wenn wir die Eucharistie darin feiern, wenn wir Taufen und Firmungen begehen und vor allem das höchste Fest der Christenheit, die Osternacht – dann ist Jesus Christus sicherlich in diesen Augenblicken und im Zeichen der Hostien im Tabernakel darin anwesend.

Meine Vision der Kirche von morgen fordert daher: Wenn wir diesen Gedanken so klar erkennen, dann sollte nur das Gefäß, das Gott trägt, prunkvoll sein – und nicht das ganze Haus ringsherum mit Gold bemalt, mit Fresken geschmückt sein. Solche Attribute von Baukunst und Malerei, Bildhauerei und Holzschnitzerei schenken nicht Gott die Ehre, sondern allein der Kirche. Die aber erzielt damit einen Effekt, der im 21. Jahrhundert nicht mehr unbedingt wünschenswert ist: Denn der Prunk ihrer Kirchen lässt sie in den Augen des Kirchenvolkes als reich, überreich erscheinen.

Die Kirche muss sich nicht mit Prunk beladen. Viele der Gelder, die zur Unterhaltung solcher Kunstwerke aufgebracht werden, könnte man besser für caritative Zwecke benutzen.

Damit blieben wir einerseits Jesus treu, indem wir das erste und wichtigste Gebot erfüllen. Und zweitens im besten christlichen Sinne wirksam werden können. Denn es gibt nach wie vor so unendlich viel Elend auf der Welt.

• • • • •

Viertens: Eine dienende Kirche. Herrscht sie oder dient sie? Die Kirche selbst sagt das eine – und macht das andere.

Doch wer die Demut ernst nimmt, die Nachfolge Christi für wichtig hält, den Glauben an die Liebe leben will, der kommt gar nicht umhin, noch stärker den Menschen zu dienen.

Meine Vision einer Kirche von morgen ist eine Kirche mit Würdenträgern, die sich nicht länger bedienen lassen. Wir nennen den Papst »Diener der Diener Gottes«. In der Realität sieht aber die Rollenverteilung etwas anders aus. Wo und wie dient er den Dienern Gottes? Durch Gesetze, Dogmen oder Lehrschriften?

Erst Papst Franziskus hat angefangen, den Begriff der dienenden Kirche zu verändern, indem er versucht, ihn wirklich zu leben. Aber in einer Institution, in der Beharrung als Tugend gilt, ist das ein sehr langer Weg.

Damit wir uns richtig verstehen: Niemand verlangt vom Papst, dass er uns die Kartoffelsuppe zum Mittagessen aufträgt. Er soll uns nicht beim Essenstisch bedienen. Aber sein Dienst wäre es, als *primus inter pares* die Entwicklung der Kirche in Diskussion und Barmherzigkeit voranzutreiben. Sein Dienst ist ein richtiger, aber in welcher Richtung ist dieser Dienst im Moment zu verstehen? Das sollte kritisch bedacht werden.

Konsequent wäre eine Kirche, die die Menschen zu Gott hinführt und nicht zu sehr verwaltet. Unsere Kirche muss sich im 21. Jahrhundert bewähren; sie ist auch von der aktuellen Welt und Stimmung geprägt. Man muss sie heute, wie man so schön sagt, gut managen. Das hat durchaus seinen Sinn. Aber wo bleibt die Pastoral? Oder wie können wir beides in Harmonie zueinander halten, im Wissen, dass die Pastoral, der Glaube, die Liebe, die Hoffnung das Wichtigste sind?

● ● ● ● ●

Fünftens: Eine flexiblere Kirche. Für Dogmatiker muss diese Forderung ein Horror sein. Wenn wir aber auf die Geschichte des Glaubens zurückschauen, dann haben diejenigen, die nicht auf Starrheit und Dogmen beharrten, sondern ganz bewusst die Regeln brachen, den Glauben vorangebracht.

Der junge Jesus wirft die Wechsler aus den Vorhallen des jüdischen Tempels, er wirft sie »aus dem Hause meines Vaters«; später pflegt er Umgang mit Zöllnern, Prostituierten und Fremden – drei gesellschaftlichen Gruppen, mit denen der Umgang nicht gerade als erstrebenswert galt. Viele Beispiele der Heiligen zeigen uns, dass sie auf Konventionen pfiffen – wenn es nur um den Glauben und seine lebendige Verwirklichung ging.

Meine Vision von einer Kirche von morgen lebt diese Flexibilität. Sie kennt weniger Dogmen, sondern nur noch die tief im Einzelnen verwurzelte Erkenntnis, was richtig und falsch ist. Die Kirche von morgen folgt Gott in dem, was er den Menschen gegenüber jeden Tag zeigt: Weil er uns Menschen gegenüber flexibel ist, gibt er uns die Chance, offen zu sein für andere – barmherzig und wertschätzend.

Den Aposteln hat Jesus dies beigebracht: Als sie jemanden zum Schweigen bringen und ihm verbieten wollten, auch im Namen Jesu zu predigen und Wunder zu versuchen, sagte Jesus seinen Jüngern: »Hindert ihn nicht. Denn niemand kann Wunder in meinem

Namen tun – und gleich danach gegen mich sein!« (*Johannes 9, 49-50*)

• • • • •

Sechstens: Eine barmherzige Kirche. Meine Vision einer Kirche der Zukunft ist die eines Hauses Gottes, das mehr den Menschen im Blick hat als Gesetze und Dogmen. Eines müssen wir innerhalb der Kirche feststellen: Die katholische Kirche als Institution ist an vielen Stellen verkrustet und erstarrt.

Es gilt vielerorts vor allem, die Vorschriften und Dogmen zu erfüllen – statt lebendige Barmherzigkeit zu predigen und vorzuleben. Doch eine Organisation, die die Hierarchie für wichtiger hält als das Verständnis des Individuums, eine Organisation, die mehr auf sich selbst blickt als auf den Nächsten, für den sie eigentlich da sein soll, eine solche Organisation hat keinen Blick und keine Gelegenheit mehr für gelebte Mitmenschlichkeit. Denn gelebte Barmherzigkeit setzt Wahrnehmung und Empathie voraus. An beiden mangelt es aber, wenn die Tradition höher geschätzt wird als das tatsächliche, realistische menschliche Miteinander. Seien wir offen: Die katholische Kirche ist an vielen Stellen in Riten und Vorschriften erstarrt. Ein Korsett aus Vorschriften und Verhaltensmaßregeln, deren Nichtbeachtung Strafe nach sich zieht, lähmt die Akteure und schafft ein Klima der Angst. Doch wer die Hosen voll hat, kann schlecht aufrecht laufen.

Deshalb muss die Barmherzigkeit im innersten Kreis der Kirche beginnen. Papst Franziskus hat erste Beispiele dafür gegeben, wie so etwas in der kirchlichen Praxis aussehen kann.

Im Gegensatz zu seinen Vorgängern, die die »Freisprechung« von Ordensleuten und Priestern oft ungebührlich lange hinauszögerten, handelt er bei diesen Menschen, die oft in stärksten Gewissensqualen leben, barmherzig – indem er ihnen eine rasche Entscheidung ihres Antrags zukommen lässt. Das ist ein Beispiel für Handlungsweisen der Barmherzigkeit, wie sie die Kirche meiner Vision leben müsste: ohne auf Gesetze und Dogmen zu pochen. Ohne Angst vor neuen Wegen. Ohne unnötiges Leiden.

Schon Jesus hat in diesem Sinne gehandelt. Die auf frischer Tat ertappte Ehebrecherin sollte laut dem Gesetz der Israeliten gesteinigt werden. Jesus aber hat das verhindert und hat sie vor dem sicheren Tod gerettet. Er hat das getan, indem er den anderen Menschen, die am Gesetz dogmatisch festhalten wollten, ins Gewissen geredet hat und zu ihnen sagte: »Der unter euch, der keine Sünden begangen hat, sollte als Erster anfangen, die Frau zu steinigen.« (*Johannes 8,7*)

Die Konsequenz war: Alle, die anfangs noch den Tod der Gesetzesbrecherin gefordert hatten, sind weggegangen. Eine solche Szene sollte uns alle in der Kirche, ob mit oder ohne Amt, zum Nachdenken bringen: Wir alle sind sündige Menschen. Darum dürfen wir niemanden verurteilen, geschweige denn töten, weil er gesündigt hat. »Verurteilt nicht, damit auch ihr nicht verurteilt werdet!«, hat Jesus gesagt. Diesem Satz muss eine Kirche von morgen folgen. Denn es gilt immer, Menschen zu retten – im Zweifelsfall auch vor einem unbarmherzigen Gesetz. Damit werden keine Sünden verharmlost oder willkommen geheißen, nein: Denn

Jesus sagte in seiner Barmherzigkeit auch immer: »Geh und sündige nicht mehr.«

· · · · ·

Siebtens: Eine solidarische Kirche. Die Menschen der Urgemeinden betrachteten sich als Brüder und Schwestern. Sie fühlten sich auf einer Stufe in der Erwartung des Herrn – und erfüllten damit den Gedanken Jesu, der die Gleichheit und die Solidarität der Menschen als Brüder und Schwestern vorgelebt hat.

Eigentlich sollte die Solidarität in der Kirche für alle gelten, für die Bischöfe, die Kardinäle und den Papst genauso wie für alle Priester, alle Seelsorger und alle Gläubigen. Und das untereinander und mit dem Rest der Welt.

Meine Vision einer Kirche von morgen nimmt diesen Gedanken Jesu wieder auf. Als Brüder und Schwestern im Glauben sollten wir uns einander die Hand reichen im Guten und Bösen: Wir sollten uns lieben und solidarisch helfen. Damit werden wir wieder als Kirche Jesu erkennbar in einer Welt voller Hass, Egoismus, Brutalität und Menschenfeindlichkeit. Denn alle Menschen, gleich welcher Herkunft, Hautfarbe oder Religion, verdienen die Solidarität der Kirche Jesu.

· · · · ·

Achtens: Eine lebendige Kirche. Das Leben ist eine Folge von Aktivitäten. Damit die Kirche am Leben bleibt und lebendig bleiben kann, soll sie in allem aktiv sein: Wenn sie predigt, wenn sie Gottesdienst feiert, wenn sie betet, wenn sie trauert, wenn sie sich freut – und wenn sie hilft. Meine Vision einer Kirche von morgen freut sich auf das Handeln in der Gemeinde: Gemeinsam und kräftig soll jeder mit seinen eigenen Fähigkeiten, Begabungen, Talenten und Interessen zu einem lebendigen Leben beitragen.

Wie willkommen wäre hier eine Kirche mit verheirateten Priestern und Priesterinnen in den Gemeinden! Ihre Familien, ihre Kinder und Anverwandten würden die Starre des zölibatären Kirchensystems der Gegenwart überwinden und stattdessen neues Leben mit sich bringen. Ein Leben, das Jesus ausgesprochen begrüßen würde!»Ich bin gekommen, um Feuer auf die Erde zu werfen. Wie froh wäre ich, es würde schon brennen!« *(Lukas 12,49)*

• • • • •

Neuntens: Eine Kirche ohne Rassismus. Seien wir ehrlich: Auch in der Kirche finden wir, wie in jeder Ansammlung unterschiedlicher Menschen, nicht nur sanftmütige Kinder Gottes. Auch unter Christen – oder solchen, die sich als solche bezeichnen – finden sich Rassisten und Geheimbündler. Nicht zufällig tritt der gewalttätige rassistische Ku-Klux-Klan unter dem Zeichen eines brennenden Kreuzes auf.

Auch die Kirche als Institution muss aufpassen, dass sie nicht in die Falle des Rassismus tappt. Denn diese irrationale Haltung, die finstere Emotionen aufwecken kann, betrifft alle Menschen. Ist es doch tief in unseren Instinkten verwurzelt, uns erst einmal gegen das Fremde, das Unbekannte abzukapseln und so etwa ganze Gruppen von Menschen auszusortieren und als minderwertig zu klassifizieren – und entsprechend menschenverachtend zu behandeln. Was vor Jahrhunderten vor dem Hintergrund des Sklavenhandels mit den Schwarzen im Zweiten Weltkrieg mit den Juden geschah, konnte zu jenen Zeiten nur mit der Duldung und dem Schweigen der Kirche geschehen. Und wie uns die jüngste Geschichte zeigt, sind Ausgrenzung und Rassismus längst nicht überwunden; sie können jeder Zeit wieder aufflackern und ganze Gesellschaften furchtbar vergiften.

Meine Vision der Kirche der Zukunft ist eine Institution, die gerade hier nicht schweigen oder untätig bleiben darf. Im Gegenteil: Sie muss laut das Unrecht anprangern und dagegen kräftig handeln, damit sie Jesus treu bleibt, der nicht umsonst die Pharisäer und Schriftgelehrten immer scharf kritisiert hat.

• • • • •

Zehntens: eine lachende und feiernde Kirche. Manchmal frage ich mich bei den vielen ernsten und sogar Trauergesichtern, die mir unter den Gläubigen, vor allem aber auch innerhalb der Hierarchie der Kirche begegnen: Wo ist eigentlich die Frohe Botschaft geblieben? Schließlich verkünden wir das *evangelion*, die Frohe Botschaft.

Meine Vision einer Kirche der Zukunft versucht diese Frohe Botschaft wieder zu entdecken. Und stellt sie in den Mittelpunkt des Glaubens und Lebens. Die Freude, die die Kirche aufgrund der Erlösung der Menschheit durch Jesus Christus ausstrahlen sollte, darf nicht länger versteckt und verborgen bleiben unter einem Haufen altertümlicher Riten und Mythen. Alle Menschen sollen, die ganze Welt soll unser Licht sehen, denn wir sind »das Licht der Welt, das Salz der Erde«. (*Matthäus 5, 13-14*)

Eine feiernde Kirche: Feiern drückt die Freude aus, die zum Christsein gehört. Die Kirche darf und soll feiern, nicht nur die Eucharistie, sondern auch weltlich feiern: Sonst hätte Jesus nicht den Wein bei der Hochzeit zu Kana zur Freude der Gäste so exzellent vermehrt.

• • • • •

Elftens: Eine Kirche, die Mut macht. Wie oft engt uns die Hierarchie ein! Wie wenig Mut haben wir Kirchenleute oft angesichts der Macht und der Gesetze, die uns von unserer eigenen Kirche immer wieder als so ungeheuer wichtig vorgehalten werden! Wo sind wir heute noch mutig als Kirchenleute?

Sicher: Wir müssen heute nicht mehr so mutig sein wie etwa der Priester und Bischof Graf von Galen, der von seiner Domkanzel die Verbrechen der Nazis anprangerte. Oder so mutig wie Dietrich Bonhoeffer, ein lutherischer Theologe, der im Widerstand gegen Hitler arbeitete und noch kurz vor Kriegsende von den Nazis ermordet wurde. Bewunderungswürdige Menschen und Geistliche sind das!

Wir Nachgeborenen müssen nicht mehr um unser Leben fürchten. Aber gerade deshalb sollten wir zumindest etwas mehr Mut angesichts von Macht und Hierarchie aufbringen und auf Missstände und Missbräuche hinweisen, wo sie uns begegnen. Und sie nicht unter den Teppich kehren.

Meine Vision einer Kirche von morgen ist eine Kirche des Mutes – und der Zuversicht. Sie hegt Zukunftshoffnung und baut auf. Diese Kirche ist in dieser Welt ein Zeichen der Hoffnung dafür, dass die Welt nicht endgültig auf den Abgrund zugeht. Sondern dass es eine Wiederkunft Jesu geben wird, um das Reich Gottes endgültig zu gründen.

Das sollten die Kirchen predigen: Ja, es gibt eine Zukunft für alle, die glauben – ganz egal, welchen Glaubens sie sind.

• • • • •

Zwölftens: Eine engagierte Kirche. Meine Vision einer Kirche von morgen ist eine Institution, die das Recht der Kleinen verteidigt, die Gerechtigkeit, Freiheit, Geschwisterlichkeit predigt und vorlebt und das auch den Politikern ins Stammbuch schreibt. Eine Kirche, die wach gegenüber der Gesellschaft ist und bleibt.

Denn wenn Unwahrheiten, Ungerechtigkeit und Dummheit verbreitet werden, muss die Kirche dagegen kämpfen. Selbst wenn manche Politiker sie dann am liebsten zum Schweigen verpflichten würden.

Meine Vision einer Kirche von morgen ist eine Kirche des geistlichen Lebens und der Spiritualität in Richtung auf Jesus; eine Kirche, in der jeder Mensch sich wohlfühlt.

Es ist eine Kirche ohne hierarchische Titel. Titel mit einer Aufgabe verbunden: ja. Ehrentitel: nein. Denn wir haben nur einen Herrn: den im Himmel.

• • • • •

Ja, auch ich habe einen Traum. Mein Traum richtet sich in die Zukunft und handelt von jener Vision, die dieses Buch versucht zu beschreiben. Die Vision einer demütigen Kirche:

- Die weiß, dass sie ausgesandt ist – und nicht vor allem eine Besitzerin ewiger Wahrheiten.
- Die weiß, dass Kirche nicht ohne Engagement leben kann.
- Die sich für die Schwachen einsetzt.
- Die barmherzig gegenüber Geschiedenen und Wiederverheirateten handelt.
- Die in ihren Reihen Widerspruch ertragen kann.
- Die Juden, Muslime oder Baptisten genauso akzeptiert wie ihre Getauften.
- Die den Priestern das Leben als Familienväter ermöglicht.
- Die Dogmatismus, Engstirnigkeit und Unbarmherzigkeit ablehnt.
- Die die Einheit der Kirche im Geist vorantreibt.
- Die nicht auf äußerliche Riten setzt, sondern auf innere Verbundenheit.

Das alles vergessen wir viel zu oft. Es geht bei der Vision der Kirche von morgen um nichts weniger als um die Befreiung des Menschen. Denn die Hierarchie der Kirche steht auf dem Kopf. Wir aber sollten sie wieder auf die Füße stellen. Wenn eine solche Kirche sich am Horizont zeigt, sollten wir alle jubelnd und dankend sagen: Amen, Halleluja, so soll es sein und Gott sei gepriesen!

EPILOG

»*Und wenn Gott schwarz wäre?*« Ja, was dann? Auch diese Frage hat das Buch beantwortet: Es wäre völlig unwichtig. Ob schwarz, weiß, gelb, rot oder braun: Es gibt eine viel wichtigere Antwort. Pfarrer Olivier hat sie auf den vorhergehenden Seiten gegeben. Ihr Kern lautet: *Gott ist die Liebe!*

Was aber ist aus dem Autor dieser Zeilen über den Traum einer Kirche mit Zukunft geworden, nachdem er seine Pfarrei in Zorneding verlassen musste? Es sei dem Leser nicht verschwiegen.

Der promovierte und habilitierte Wissenschaftler und Priester mit deutscher Staatsbürgerschaft arbeitet mit einem Forschungsauftrag an der Katholischen Universität Eichstätt-Ingolstadt in Bayern. Er reist, forscht, analysiert, liest, schreibt – und er predigt, macht Vertretung in einer Pfarrstelle, wenn Not am Mann ist, nimmt die Beichte ab, verheiratet junge Paare – und spendet Leidenden Trost mit Krankensalbung, Gebet und Gespräch.

Und wenn er dann noch Zeit hat, kocht er umwerfend gut Gerichte aus dem Kongo. Er verrät dem Besucher sogar mit Freude die Rezepte, die alle noch von seiner Mutter stammen.

Bleibt noch die Frage: Und worüber forscht er?

Die Antwort liegt nahe: Über Flucht, Migration, Integration und die Werte der Menscheit, welche allein das Leben pflegen können. Darum lautet sein das ganze

Buch durchdringender und appellierender Schrei: Achtet auf die unverwandelbaren Werte, damit wir wahrhaft weiter leben können.

Für alle Lebensliebhaber bietet das Gütersloher Verlagshaus Durchblick, Sinn und Zuversicht. Wir verbinden die Freude am Leben mit der Vision einer neuen Welt.

UNSERE VISION EINER NEUEN WELT

Die Welt, in der wir leben, verstehen.

Wir sehen Menschlichkeit als Basis des Miteinanders: Mitgefühl, Fürsorge und Beteiligung lassen niemanden verloren gehen. Wir stehen für gelingende Gemeinschaft statt individueller Glücksmaximierung auf Kosten anderer.

....

Wir leben in einer neugierigen Welt: Sie sucht ehrgeizig und mitfühlend Lösungen für die Fragen unseres Lebens und unserer Zukunft. Wir fragen nach neuem Wissen und drücken uns nicht vor unbequemen Wahrheiten – auch wenn sie uns etwas kosten.

....

Wir leben in einer Gesellschaft der offenen Arme: Toleranz und Vielfalt bereichern unser Leben. Wir wissen, wer wir sind und wofür wir stehen. Deshalb haben wir keine Angst vor unterschiedlichen Weltanschauungen.

**Das Warum und Wofür
unseres Lebens finden.**

**Erfahren, was uns im Leben
trägt und erfreut.**

**Wir helfen einander,
uns selber besser zu verstehen:**
Viele Menschen werden sich erst
dann in ihrem Leben zuhause
fühlen, wenn sie den eigenen We-
senskern entdecken – und Sinn in
ihrem Leben finden.
....

**Wir ermutigen Menschen, zu ihrer
Lebensgeschichte zu stehen:**
In den Stürmen des Alltags geben
wir Halt und Orientierung. So
können sich Menschen mit ihren
Grenzen aussöhnen und zuver-
sichtlich ihr Leben gestalten.
....

**Wir haben den Mut, Vertrautes
hinter uns zu lassen:**
Neugierde ist die Triebfeder eines
gelingenden Lebens. Wir wagen
Neues, um reich an Erfahrung zu
werden.

**Wir glauben an die Vision
des Christentums:**
Die Seligpreisungen der Bergpre-
digt lassen uns nach einer neuen
Welt streben, in der Vereinsamte
Zuwendung, Vertriebene Zuflucht,
Trauernde Trost finden – und
Gerechtigkeit, Barmherzigkeit
und Frieden herrschen.
....

**Wir geben Menschen die
Möglichkeit, den Glauben (neu)
zu entdecken:**
Persönliche Spiritualität gibt
Kraft, spendet Trost und fördert
die Achtung vor der Schöpfung
sowie die Freude am Leben.
....

**Wir stehen mit Respekt vor
der Glaubenserfahrung anderer:**
Wissen fördert Dialog und Verständnis, schützt vor Fundamen-
talismus und Hass. Wir wollen
die Schätze anderer Religionen
kennenlernen, verstehen und
respektieren.

GÜTERSDIE
LOHERVISION
VERLAGSEINER
HAUSNEUENWELT

Bibliografische Information der Deutschen Nationalbibliothek

Die Deutsche Nationalbibliothek verzeichnet diese Publikation
in der Deutschen Nationalbibliografie; detaillierte bibliografische
Daten sind im Internet über https://portal.dnb.de abrufbar.

Verlagsgruppe Random House FSC® N001967

1. Auflage
Copyright © 2017 Gütersloher Verlagshaus, Gütersloh,
in der Verlagsgruppe Random House GmbH,
Neumarkter Str. 28, 81673 München

Sollte diese Publikation Links auf Webseiten Dritter enthalten,
so übernehmen wir für deren Inhalte keine Haftung, da wir uns
diese nicht zu eigen machen, sondern lediglich auf deren Stand
zum Zeitpunkt der Erstveröffentlichung verweisen.

Umschlaggestaltung: Gute Botschafter GmbH, Haltern am See
Umschlagmotiv: © Nina Angerer, München
Druck und Bindung: GGP Media GmbH, Pößneck
Printed in Germany
ISBN 978-3-579-08684-2
www.gtvh.de